역시, 스매싱은 망치질이다

 프롤로그

저자 정선용이 이야기하는
《역시, 스매싱은 망치질이다》

체육을 전공한 것도 아니고, 테니스로 밥 벌어 먹고사는 것도 아닌 내가 벌써 테니스로 두 번째 책을 낸다고 하니 참으로 이상한 일이다. 그래도 세어보면 인생의 2/3를 같이 보내고 있는 운동이 바로 이 테니스다. 대학 입학 선물로 자형에게 받은 라켓 덕분에 테니스를 시작했다. 그 시절 남자들이 대부분 그랬듯 20대, 30대는 어떡하든 실력을 빨리 키워 상대방을 이기고 싶었다. 강호의 고수가 되는 꿈을 꾸면서 라켓을 매고 시합이 있는 곳이라면 어디든지 다녔다. 고수를 꺾으면 또 다른 고수가 출현하는 끝없는 반복이었다. 도중에 테니스를 하다가 허리를 심하게 다치고서는 라켓을 아예 들지 못할까 봐 두려워한 적도 있었다. 나이가 들면서 비로소 힘을 잔뜩 넣기보다는 힘을 빼는 법을, 상대방을 무작정 이기려는 마음보다는 게임 자체를 즐기는 여유를 조금은 알게 되었으나 여전히 테니스에 대한 갈증은 가시지 않았다. 이 테니스라는 운동은 알 듯하다가도 다시 멀어지기 일쑤여서 많은 코치를 만나고 레슨을 받았지만, 여전히 안갯속에서 헤매는 느낌이었다.

그러던 중, 2015년에 우연히 최사부와 만나게 되었다. 그리고 나의 테니스는 완전히 바뀌었다. 최사부의 반짝이는 가르침은 그야말로 한 줄기 빛, 단비와도 같았다. 이를 기억하고자 레슨을 받은 50개월여(1,514일) 동안 최사부 특유의 어법이 녹아든 가르침을 노트에 일일이 기록했다. 그러나 그 가르침을 나만 알고 있기에 어쩐지 아까운 마음이 요동쳐 2019년 5월, 마침내 《스매싱은 망치질이다》를 출간하였다. 첫 출간으로 졸작임에도 불구하고 갑자기 불어

PRINCE WARRIOR(107)
2015년경 최사부로부터 가르침을 받을 때 사용했던 프린스 라켓.

2015.7~2019.8 기록 노트

1,514일(50개월여) 동안
최사부 특유의 어법이 녹아든 가르침을
노트에 일일이 기록했다.

닥친 테니스 열풍에 힘입어 과분한 사랑을 받았다. 하지만 첫 출간이었고 계약한 인쇄 부수가 많지 않아 곧 절판되고 말았다. 얼마 지나지 않아 최사부를 비롯한 테니스 동료들이 '이 책을 다른 이에게 추천하고 싶어도 도통 구할 수가 없다'라며 아쉬워했다. 이런 요청도 있었고, 나도 첫 책을 내놓고 나서 독자들에게 부끄러웠던 부분이 있었던 터라 좀 더 보완해서 다시 책을 내보면 어떨까 하는 생각이 스멀스멀 고개를 들기 시작했다. 그러던 중, 이웃으로 이사 와 가까워진 동생들이 기꺼이 도와주겠다고 나서주는 바람에 마지막 퍼즐까지 착착 맞춰졌다. 이번 책을 내게 된 사연이다.

2019년 5월 첫 출간한
《스매싱은 망치질이다》

테니스의 고수가 되고 싶었다. 그러려면 스트로크, 발리, 스매싱, 서비스 등 다양한 기술을 구사할 수 있는 실력에, 상대에 맞춰 유연하게 경기 운영을 하는 전략적인 능력, 코트 구석구석을 커버할 수 있는 빠른 발과 장시간의 경기를 버틸 수 있는 체력, 이 모두를 갖춰야 한다. 이와 더불어 고수는 게임에서 불리한 것처럼 보이다가도 이를 극복하고 전세를 뒤집을 수 있는 강한 멘탈과 여유를 가지고 있어야 한다. 이런 고수의 경지에 오르기까지는 긴 세월 끊임없는 훈련과 기술 연마, 마음 수양이 밑바탕 되어야 한다. 체력 훈련과 마음 수양은 스스로가 노력해야 하는 영역이지만, 기술 연마는 좋은 코치를 만나는 것이 백 번 유리하다. **내가 만난 최사부는 그만의 독특한 표현법으로 테니스를 이야기할 줄 아는 사람이다.** 망치질같이 일상에서 흔히 경험할 수 있는 동작에 비유하여 재치 있게 알려준 테니스 기술 포인트는 나의 테니스 경지를 한층 넓혀 주었다. 하지만 테니스는 배울수록 어려운 운동임을 절실히 느낀다. 구력 40년이 넘어가도 여전히 배워야 하고 배운 것을 끊임없이 복습해야 하는 운동이다. 어렵기에 더 재미있는 스포츠가 아닐까 새삼 생각한다. 다만, 이제는 테니스를 배우는 목적이 경기에서 상대방을 이겨 승리하기 위함이 아니라, 테니스를 사랑하고 누구나 같이 어울리면서 배려하고 격려하고 즐거움을 나누기 위함이었으면 좋겠다. 아울러 텃세가 심한 우리의 테니스 문화가 테니스를 진정으로 즐길 줄 아는 문화로 발전하였으면 하는 작은 소망도 있다.

얼마 전 최 사부와 함께 우스갯소리처럼 한 이야기가 있다.

"이 책이 나오면 멋지게 차려입고
윔블던이든 롤랑가로스든 테니스 그랜드슬램 대회장에 가서
책을 들고 관중석에서 사진 한 장 찍고 옵시다."

웃으며 한 이야기지만 또 누가 알겠는가? 진짜로 그 꿈이 이루어질지. 생각만 해도 즐겁다.

이번 책《역시, 스매싱은 망치질이다》출간에는 많은 분이 함께했다. "모델은 아무나 하는 게 아니네요. 휴~, 테니스보다 훨씬 힘든 것 같아요."라고 이야기하면서도 멋진 자세를 취해준 최석만 사부를 위시하여, 전체 디렉팅과 진행, 교정, 교열까지 총감독을 맡아준 박성윤, 동영상 촬영과 'T.A.(토털 어시스턴트)'라고 부르짖으며 궂은일 마다하지 않고 애써준 김남욱, 더운 날씨에 야외 촬영임에도 계속해서 "한 번만 다시 갑시다!"를 외치며 좋은 사진들을 찍어 준 사진작가 안호영, 한층 세련된 결과물을 만들어 준 디자인의 정혜원, 그리고 첫 책에 이어 일러스트를 맡아준 임윤지 등 이분들이 없었다면 이 책은 빛을 보지 못했다. 또한, 인터뷰에 기꺼이 응해준 정덕영, 함재원, 서재원·김연호 부부, 이분세, 그리고 촬영 장소에 도움을 준 전주완산체육공원 오원식 감독까지 작업에 참여해 주신 모든 분께 마음 깊이 감사의 인사를 전한다. 마지막으로 옆에서 물심양면 모든 것을 도와준 인생 동반자 임은진에게 이 자리를 빌려 감사와 사랑의 마음을 보낸다.

CONTENTS

프롤로그   2

CHAPTER 1 | 최사부의 테니스 정석 핵심 포인트

1.1	테니스는 회전, 타이밍, 그리고 균형이다	14
1.2	볼을 마중 나가라 ▶	16
1.3	몸을 용수철처럼 만들어라	20
1.4	볼이 오는 정면이 아닌 옆에서 맞이하라 (포핸드·백핸드 스트로크)	24
1.5	참아라, 참아 참아! 임팩트 직전 순간, 정지하라 ▶	26
1.6	힘으로는 이길 수 없다	30
1.7	대충은 없다, 정확하게 쳐라	32
1.8	볼이 가는 방향으로 라켓을 던져라 (포핸드·백핸드 스트로크)	34
1.9	맞는 순간에 결정된다 (포핸드·백핸드 스트로크)	38

interview 최석만 사부와의 대담   40

CHAPTER 2 | 최사부의 백핸드 스트로크 핵심 포인트

2.1	오른쪽 무릎을 방향타로 하라	52
2.2	무릎 반동으로 몸의 탄성을 만들어라	54
2.3	턱을 당기고, 배에 힘을 줘라	56
2.4	어깨너머로 볼을 봐라	58
2.5	튀어 오르는 볼을 요리하라	60
2.6	볼의 높낮이에 따라 무릎으로 조정하라	62
2.7	볼을 끝까지 보고 볼의 털을 벗기듯이 스윙하라	64
2.8	멀리 보고 볼을 낚아채라	66
2.9	자신 있게 풀 스윙하라	68

interview 테니스 40년 구력을 자랑하는 정덕영에게 묻고 답하다   72

CHAPTER 3 | 최사부의 발리 핵심 포인트

3.1	몸으로 막아라	80
3.2	라켓 헤드 세우고 머리와 손목을 고정하라	82
3.3	볼을 이마 앞에 두어라	84
3.4	수평과 수직을 유지하며 높은 타점을 찾아라	86
3.5	앞발을 내디디면서 사선(V자, ∧자)으로 북을 쳐라	90
3.6	권투의 잽과 훅을 날리듯이 쳐라	94
3.7	라켓을 절대 엎지 마라	96
3.8	볼 밑으로 라켓을 집어넣어라	98

interview 함재원의 테니스 스토리   102

CHAPTER 4 | 최사부의 포핸드 스트로크 핵심 포인트 ▶

4.1 라켓 헤드 무게를 느껴라	110
4.2 몸통을 회전하여 백스윙하라	112
4.3 무릎 반동을 이용하라 ▶	114
4.4 튀어 오르는 볼을 요리하라 ▶	116
4.5 볼을 라켓에 정면으로 맞추어라	118
4.6 손목을 쓰지 말고 엎드려서 쳐라	120
4.7 임팩트 순간을 낚아채라	122
4.8 팔로우 스윙을 끝까지 하라	124

interview 부부 동반 테니스 동호인 서재원의 이야기   126

CHAPTER 5 | 최사부의 스매싱과 서비스 ▶

5.1 최사부의 스매싱 핵심 포인트 4

○ 볼 밑을 찾아가라	133
○ 옆걸음질로 볼을 쳐다봐라 ▶	136
○ 무릎 반동을 이용하라 ▶	138
○ 천장에 망치질하듯 임팩트하라	140

5.2 최사부의 서비스 핵심 포인트 4

○ 어깨에 힘을 빼라 ▶	143
○ 이마 앞에 토스하라	144
○ 볼의 최고점에서 라켓의 최고 속도를 만들어라 ▶	146
○ 왼발을 박차며 임팩트하라	148

interview 온 가족이 테니스 동호인, 이분세가 전하는 테니스 기본 매너   150

CHAPTER 6 | 동네 테니스 복식 게임 전술

6.1	발, 발, 발. 항상 발을 움직여라	158
6.2	상대의 볼 구질을 빨리 파악하라	160
6.3	기다리면 진다. 볼을 빨리 찾아가라	162
6.4	볼이 오는 정면이 아닌 옆에서 맞이하라	164
6.5	모든 볼은 일단 몸으로 막아라	170
6.6	센터를 지키는 전위가 되어라	172
6.7	떠난 볼은 미련을 버려라	174
6.8	상대의 라켓을 주목하라	176
6.9	좋은 볼도 냉정하게, 어려운 볼은 차분하게 대하라	178

tip 함재원의 테니스 마켓	180
QR-code list	200

에필로그	202

(((**최사부의
말·말·말**)))

1
테니스는 땅과 친한 스포츠다.

2
볼을 옆에서 봐라.

3
테니스는 전진과 회전만이 있을 뿐이다.

최사부의
테니스 정석

1

CHAPTER 1. 최사부의 테니스 정석

테니스는 회전, 타이밍, 그리고 균형이다

01

테니스는
회전, 타이밍,
그리고 균형이다

회전

CHAPTER 1. 최사부의 테니스 정석
테니스는 회전, 타이밍, 그리고 균형이다

타이밍

균형

CHAPTER 1. 최사부의 테니스 정석
볼을 마중나가라

02

볼을
마중나가라

CHAPTER 1. 최사부의 테니스 정석

볼을 마중나가라

① 발 발 발
제자리에서 양발을 지면에 붙이지 않고 항상 움직여라.

② 스플릿 스텝
상대가 볼을 치는 순간 스플릿 스텝을 한다.

CHAPTER 1. 최사부의 테니스 정석

볼을 마중나가라

③ 턱을 당긴다.

④ 허리를 편다.

⑤ 미리 자세를 만든다.

CHAPTER 1. 최사부의 테니스 정석
볼을 마중나가라

⑥ 볼을 마중 나간다.

03

몸을 용수철처럼
만들어라

CHAPTER 1. 최사부의 테니스 정석
몸을 용수철처럼 만들어라

포핸드 스트로크

CHAPTER 1. 최사부의 테니스 정석
몸을 용수철처럼 만들어라

백핸드 스트로크

CHAPTER 1. 최사부의 테니스 정석
몸을 용수철처럼 만들어라

발리

04

볼이 오는 정면이 아닌 옆에서 맞이하라

(포핸드·백핸드 스트로크)

볼이 오는 옆 방향으로 접근해야 하는 이유

- 몸통 회전을 만들기 쉽다.
- 공격 범위가 넓어진다.

CHAPTER 1. 최사부의 테니스 정석
볼이 오는 정면이 아닌 옆에서 맞이하라

포핸드 스트로크

백핸드 스트로크

CHAPTER 1. 최사부의 테니스 정석

참아라, 참아 참아! 임팩트 직전 순간, 정지하라

05

참아라, 참아 참아! 임팩트 직전 순간, 정지하라

참아야 하는 이유

- 임팩트 직전 순간 참아야 볼을 회초리처럼 칠 수 있다.
- 볼을 잡아서 칠 수 있다. 볼을 몸으로 막고 기다려야 가능하다.

CHAPTER 1. 최사부의 테니스 정석
참아라, 참아 참아! 임팩트 직전 순간, 정지하라

포핸드 스트로크

CHAPTER 1. 최사부의 테니스 정석

참아라, 참아 참아! 임팩트 직전 순간, 정지하라

백 드라이브

CHAPTER 1. 최사부의 테니스 정석
참아라, 참아 참아! 임팩트 직전 순간, 정지하라

백 슬라이스

CHAPTER 1. 최사부의 테니스 정석

힘으로는 이길 수 없다

06

힘으로는
이길 수 없다

- 힘보다는 정타! 어깨에 힘이 들어가면 부드러운 스윙을 할 수 없다.
- 의욕이 앞서면 힘이 잔뜩 들어가기 마련이고 이것은 바로 실수로 이어지기 쉽다.
- 어깨에 힘을 빼고 몸통 회전으로 스윙하는 데 집중하라.

CHAPTER 1. 최사부의 테니스 정석

힘으로는 이길 수 없다

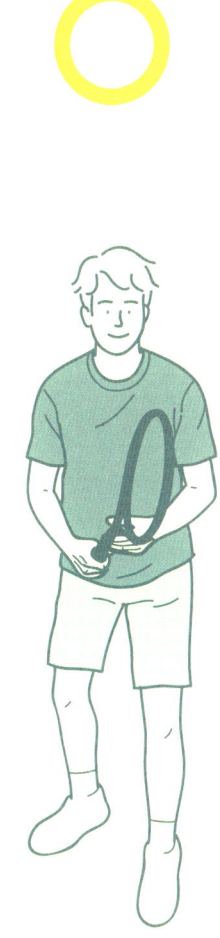

CHAPTER 1. 최사부의 테니스 정석
대충은 없다, 정확하게 쳐라

07

대충은 없다, 정확하게 쳐라

- 모든 볼은 정확히 정타로 쳐야 한다.
- 정타가 아닌 것은 야구에서 투수가 실투하는 것과 같다.
- 라켓으로 볼을 정확하게 정면으로 맞추어야 볼 컨트롤이 가능하다.

CHAPTER 1. 최사부의 테니스 정석
대충은 없다, 정확하게 쳐라

CHAPTER 1. 최사부의 테니스 정석

볼이 가는 방향으로 라켓을 던져라

08

볼이 가는 방향으로 라켓을 던져라

(포핸드·백핸드 스트로크)

포핸드 스트로크

①

②

CHAPTER 1. 최사부의 테니스 정석
볼이 가는 방향으로 라켓을 던져라

- 볼을 임팩트한 후에 볼 가는 방향으로 라켓을 던지는 듯한 동작으로 끝까지 팔로우업해야 한다.
- 라켓을 던지는 듯한 동작을 하면 볼의 방향성이 정확해지고 한층 스피드가 생긴다.

CHAPTER 1. 최사부의 테니스 정석
볼이 가는 방향으로 라켓을 던져라

백핸드 스트로크

CHAPTER 1. 최사부의 테니스 정석

볼이 가는 방향으로 라켓을 던져라

CHAPTER 1. 최사부의 테니스 정석

맞는 순간에 결정된다

09

맞는 순간에 결정된다

(포핸드·백핸드 스트로크)

CHAPTER 1. 최사부의 테니스 정석
맞는 순간에 결정된다

포핸드 스트로크

볼을 맞는 순간부터
스피드를 올려라.

백핸드 스트로크

오른발 앞에 볼을 두고,
손목은 사용하지 말고 팔로
쳐라.

interview

최석만 사부와의 대담

최석만

영암 신북중학교 시절, 테니스 지역대표 선수로 전국 체전에 이름을 올린 최석만 사부, 일명 최사부. 과천에서 30여 년간 테니스를 가르치고 있다. 그만의 특유한 어법으로 테니스 기술을 전수하는 코칭력이 남달라 배우고자 하는 동호인으로 오늘도 관문 코트는 문전성시를 이루고 있다. 소처럼 우직한 성격에 한결같은 성실함과 과묵함도 그가 가진 매력. 테니스 코치로 지낸 오랜 세월과 성실함은 책 속 사진의 모델이 된 그의 피부 빛깔이 여실히 증명해 준다. 현재 과천 테니스협회 임원으로도 활동 중이다.

테니스는 장비발? 아니, 이제 테니스는 패션발!

책 때문이 아니라도 사부님과 한 번 이렇게 진지하게 얘기 나누고 싶었어요. 요즘 테니스가 붐이라서 많이 바쁘실 것 같은데? 어떤가요?

조금 그런 편이지요. 더 많은 사람이 테니스의 매력을 알게 된 것 같아서 바빠도 기분 좋죠.

요즘 테니스를 배우는 젊은이들은 어떤가요? 예전과 비교해서요. 우리는 장비발에 관심이 많았는데 요즘 젊은이들은 패션에 신경을 많이 쓴다고 들었어요(웃음). 맞나요?

맞아요. 자신의 취향을 드러내는 것에 거리낌 없이 자유로운 것 같아요. 말씀하신 대로 패션도 중요한 부분인데, 개성이 강하다고 해야 하나, 자신이 좋아하는 스타일을 갖춰 입고 즐겁게 운동하는 것 같아서 보기 좋습니다. 더욱이 유튜브, 인스타그램, 페이스북 등 SNS가 일상화되니 이러한 모습이 더 잘 드러나는 것 같아요. 젊은 친구들은 처음 교습을 시작할 때부터 의상을 제대로 갖추고 나옵니다.

테니스는 무엇보다 매너 스포츠다.

저도 구력이 40년이 넘었지만, 여전히 테니스가 어려워요. 처음 시작하는 사람들이 게임을 하기까지 시간이 걸리잖아요. 진짜 운동신경이 뛰어난 사람도 있겠지만 여성은 보통 1년, 남성은 적어도 6개월은 수업을 받아야 하는데 그러다 보니 그 고비를 못 넘기고 많은 경우 그만두잖아요. 중도 포기하지 않고 끝까지 가려면 어떻게 하는 게 좋을까요? 제가 배울 때만 해도 기본기를 모두 갖추지 않으면 게임에 참여하기 어려워서 중도에 포기하는 사람들이 많았어요.

예전에는 어느 정도 실력을 갖추면 일단 클럽에 들어가야 했죠. 아무래도 코트가 부족하다 보니 편히 둘이 가서 공을 치는 문화가 발달하기 어려웠죠. 클럽 단위로 예약을 해야 하고 코트 한 면 당 복식으로 플레이 하는 것을 기준으로 숫자를 맞춰야 했죠. 주로 아파트에 부설된 테니스 코트가 동호회 문화에 기여한 것도 사실이지만 동시에 우리 클럽이 아니면 안 된다는 텃세 문화를 자리 잡게 한 점도 없지 않아요.

그런데 요즘에는 동호회가 아니라도 젊은 친구들이 SNS를 통해 만나서 운동하러 많이들 오는 것 같아요. 여기 전주완산체육공원 코트에도 그렇게 친해 보이지 않은 이들끼리 어느새 같이 운동하고 즐겁게 헤어지고 하더라고요.

맞아요. 요즘 젊은 사람은 거의 그래요. 카톡이나 밴드로 만나서 오는데, 살펴보면 이번 주는 이 사람과, 다음 주는 또 다른 사람과, 이런 식으로 매번 함께 치는 사람이 달라요.

오, 정말 젊은 사람들, 즉 MZ 세대들한테는 그런 식이 더 자연스럽고 편한 모양이네요.

네, 자기 실력을 자기가 아니까 유사한 실력의 상대방과 만나서 부담 없이 운동하고 부담 없이 헤어지고 하는 거죠. 코치가 자기 개인 코트를 갖고 있어서 실력별로 레슨 받는 사람들을 매칭해 게임을 하면 가장 이상적이겠죠. 하지만 모든 코치가 자기 코트를 소유하기란 현실적으로 어렵고. 배우는 처지에서도 코치가 일일이 개입하면 왠지 부담스러울 수도 있을 겁니다. 그들 방식대로 자연스러운 만남으로 더 유연하게 테니스 칠 기회를 찾는 것 같아요. 자기 주도적이고 남 눈치 볼 필요 없으니 오히려 더 좋고요. 한 번 게임을 해봤더니 상대가 마음에 들지 않으면 다음엔 다른 상대를 만나면 되니까.

실은 테니스를 하는 사람으로서 말하자면, 자기가 어느 레벨에 도달했을 때 상대방에 대한 배려심을 갖는 것이 정말 중요하잖아요. 근데 막상은 그러기가 쉽지 않거든요. 일단 나보다 못 치는 사람하고 치면 재미가 없잖아요. 재미없으니 나보다 실력이 나은 사람하고만

치려고 들고. 옛날에는 정말 그런 경우가 많았어요. 하수일 때 하도 설움을 많이 받으니까 속으로 나는 잘하게 되면 반드시 상대방 더 챙겨주고 배려해 주겠다, 이렇게 다짐했어요. 그런데 그런 사람일수록 더하면 더했지, (웃음) 참, 마음먹은 대로 잘 안 돼요, 그렇죠?

정말 친한 경우가 아니면 고수로서 인내심이나 배려를 보여주지 못하는 게 솔직한 현실이에요. 보통 사람은 고수와의 승부를 통해 더 자극받길 바라지요. 이 말인즉슨, 승부에 집착하면 진정한 고수가 아니라는 뜻이기도 하겠죠!

나는 다 친하게 느끼나? 난 사람들 가르쳐 주는 게 오히려 즐겁던데. 하하하!
그런데 우리나라 테니스 문화를 한 단계 끌어올리려면 상대방에 대한 존중의 표현으로 테니스 매너를 익히는 게 중요한 것 같아요. 초보일 때 테크닉만 가르칠 것이 아니라 매너를 같이 배우도록 하는 거죠. 플레이 중인 코트를 지나갈 때는 어떻게 해야 한다든가, 상대방에게 공을 던져 줄 때 어떻게 해야 한다든가, 기본적인 매너 말이에요. 그랜드 슬램에서 세계적인 선수들이 플레이하는 것을 보면 서비스할 때 공이 네트에 걸려 상대 코트로 넘어간다든가, 실수로 자신이 유리하게 되었을 때도 반드시 먼저, 'Sorry~!'라고 말하면서 미안해하는 제스처를 항상 볼 수 있잖아요.

맞습니다. 정말 동감합니다. 그런데 이런 기본 매너를 이야기하면 잔소리로 듣는 사람도 있고 성인에게 어떻게 해야 한다고 가르치는 것도 매우 조심스러워요. 그래서 저는 스스로 공을 칠 때 상대방에게 피해가 가지 않도록 내가 뭘 조심해야 하는지 돌아보는 마음가짐만 있어도 충분하다고 생각해요.

최근 막을 내린 US 오픈에 대한 소회 (대담 일은 2023년 9월 13일)

며칠 전에 끝난 이번 US오픈은 정말 대단했지요. 우승한 선수가 훌륭하다는 이야기야 말할 것도 없으니 오히려 결승에서 진 두 선수에 관해 이야기해 보고 싶어요. 남자 단식 결승에서는 다닐 메드베데프 Daniil Medvedev 가, 여자 단식 결승에서는 아리나 사발렌카 Aryna Sabalenka 가 졌잖아요. 경기를 보면서 과연 승패의 전환점이 무엇이었을까를 곰곰이 되돌아보게 되더라고요.

사발렌카가 서비스 더블 폴트를 하기도 했지만 저는 1:1 상황에서 마지막 랠리를 할 때 네트에 걸리게 친 2개 포인트가 결정적이었다고 생각해요. 메드베데프도 마찬가지였어요. 조금만 여유를 가졌으면 좋았을 텐데 그 여유라는 관점에서 노박 조코비치 Novak Djokovic 와 비교할 때 요만큼, 정말 요만큼 부족했던 것 같아요. 제가 이걸 보면서 '야~, 이 종이 한 장 같은 차이가 300만 달러와

150만 달러의 차이를 만들어 내는구나!'라고 탄식했죠.

네, 정말 이 종이 한 장 차이가 어마어마한 거죠. 저도 처음에는 사발렌카가 이길 줄 알았어요. 그런데 결정적인 순간에 어깨에 힘이 들어가는 듯하더니 후반으로 가면서 무너지더라고요. 안타까웠어요.

최사부가 꼽는 역대 최고의 테니스 플레이어

기왕 그랜드 슬램 얘기가 나왔으니 질문 하나 할까 봐요. 사부님은 세계적으로 유명한 테니스 플레이어 중 가장 좋아하는 선수는 누구인가요? 좋아하는 이유는요? 또, 배울 만한 점이 있다면 무엇일까요?

스웨덴의 스테판 에드베리 Stefan Bengt Edberg 라는 선수가 있었어요. 테니스 역사상 위대한 선수 중 한 명으로 손꼽힐 만큼 뛰어난 실력자이기도 했지만, 무엇보다 인성이 훌륭한 것으로 더 이름이 났죠. 플레이 스타일이 매우 신사적이어서 품위 있는 테니스가 어떤 것인지 그 정석을 제대로 보여준, 매우 존경할 만한 선수입니다. 특히 그의 백핸드 스트로크와 백핸드 발리를 보면 말문이 막힐 정도로 아주 우아합니다.

그렇군요. 80년대 말에서 90년대 초반에 윔블던과 US 오픈, 올림픽 등 세계를 제패한 스테판 에드베리 선수! 사부님 말씀대로 정말 테니스의 품격이 느껴지는 멋진 선수로 저 역시 기억하고 있습니다.

최사부의 테니스 인생과 테니스로 함께하는 즐거운 인생길

자, 이제 슬슬 이야기를 마무리해 볼까요? 마지막으로 자신의 테니스 인생에 대해 하고 싶은 말이 있다면?

솔직히 터놓자면, 저는 생활의 범위가 항상 테니스였고 테니스와 함께 살아왔다고 해도 과언이 아니에요. 그래서 불만도 많았어요. 나는 왜 이렇게 살아야 했을까? 좀 더 나아갈 수도 있었고 아예 벗어날 수도 있었는데 하고요. 근데 또 곰곰이 생각해 보니까 내가 욕심이 없어서라기보다는 가족이 있고 생활의 문제가 있고 또 하루하루 열심히 살다 보니 여기까지 온 것 같아요. 테니스하다가 골프의 길로 간 친구가 있어요. 아이가 없는 그 친구는 노후 준비까지 잘 되어있는 것 같아 제가 부러워하면 그 친구는 아이가 있는 저를 부러워하고 또 요즘 테니스 붐 이야기를 하면서 이 길을 고집한 저를 부러워하기도 해요. 어쨌든 열심히 살아왔고 이 길에서 테니스를 통해 좋은 사람들을 만난 것이 가장 큰 행복인 것 같아요.(미소).

저는 이번 책을 만들기 위해 최사부님과 사진, 동영상을 촬영하면서 많은 자극을 받았어요. 저 나름대로 테니스를 열심히 해왔다고 생각했는데, 카메라 앞에서도 완벽해 보이는 사부님 폼을 보며 테니스의 모든 테크닉이 몸에 자연스럽게 배어 있구나!, 하고 깊이 느꼈답니다. 동작 하나하나가 참으로 우아하고 아름답다고 생각했죠. 저는 나이는 들어가고 체력도 떨어지니 그 경지까지 가는 것은 어렵겠지만 최사부라는 훌륭한 표본이 있으니 더 열심히 노력해 볼 수는 있겠죠. 정말 행운이라고 생각합니다!

그리고 테니스를 사랑하는 사람들과 사부님의 노하우를 공유할 수 있다는 것도 제겐 큰 기쁨이랍니다. 우리 함께 테니스로 즐거운 인생길, 같이 걸어가 봅시다! 내년이 될지 더 시간이 걸릴지 모르겠지만 윔블던에서든 롤랑가로스에서든 조코비치와 메드베데프가 경기하는 모습을 우리도 친히 직관 한 번 해봅시다! 패션발 자랑하며 멋스럽게 잘 차려입고서 매너 좋은 관중이 되어 세계적인 테니스 선수들이 보여주는 최고의 예술을 맘껏 누려보자고요!

아~, 말씀만으로도 벌써 설레네요. 하하하!

최사부의 말·말·말

4

코트에서 절대 놀아서는 안 된다,
계속해서 발을 움직여라.

5

목적을 가지고 쳐라,
그래야 덜 지겹다.

6

낮은 볼도 높게 만들어라.
= 자세를 낮추어라.

백핸드 기본

백핸드 랠리

최사부의
백핸드 스트로크
핵심 포인트

2

CHAPTER 2. 최사부의 테니스 정석

오른쪽 무릎을 방향타로 하라

01

오른쪽 무릎을 방향타로 하라

CHAPTER 2. 최사부의 테니스 정석
오른쪽 무릎을 방향타로 하라

① 스플릿 스텝 후 네트 방향으로 전진한다.

② 오른쪽 무릎은 방향타

CHAPTER 2. 최사부의 테니스 정석

무릎 반동으로 몸의 탄성을 만들어라

02

무릎 반동으로
몸의 탄성을 만들어라

④

③

CHAPTER 2. 최사부의 테니스 정석
무릎 반동으로 몸의 탄성을 만들어라

- 무릎 반동은 의자에 앉았다 일어나는 모습처럼.

03

턱을 당기고,
배에 힘을 줘라

배에 힘을 주면
- 허리가 펴진다.
- 회전축이 견고해진다.

CHAPTER 2. 최사부의 테니스 정석
턱을 당기고, 배에 힘을 줘라

턱을 당기면 나이스 샷!

턱을 들면 홈런!

04

어깨너머로 볼을 봐라

어깨너머로 보면

- 상체가 꼬인다.
- 회전력이 생긴다.
- 파워 있는 볼을 칠 수 있다.

CHAPTER 2. 최사부의 테니스 정석
어깨너머로 볼을 봐라

드라이브 샷

슬라이스 샷

CHAPTER 2. 최사부의 테니스 정석
튀어 오르는 볼을 요리하라

05

튀어 오르는 볼을
요리하라

CHAPTER 2. 최사부의 테니스 정석
튀어 오르는 볼을 요리하라

오른 무릎 앞에서 튀어 오르는 라이징 rising 볼을 임팩트하라.

②

①

06

볼의 높낮이에 따라 무릎으로 조정하라

CHAPTER 2. 최사부의 테니스 정석

볼의 높낮이에 따라 무릎으로 조정하라

높은 볼일 때

낮은 볼일 때

CHAPTER 2. 최사부의 테니스 정석

볼을 끝까지 보고 볼의 털을 벗기듯이 스윙하라

07

볼을 끝까지 보고 볼의 털을 벗기듯이 스윙하라

볼의 털을 벗기려면

- 임팩트 순간 라켓으로 볼을 강하게 낚아채야 한다.
- 볼에 회전이 걸리며 무겁고 강한 볼이 된다.

CHAPTER 2. 최사부의 테니스 정석

볼을 끝까지 보고 볼의 털을 벗기듯이 스윙하라

볼의 털과 라켓 면이 만나는 순간,
빠른 속도로 자신 있게 스윙한다.

스트레이트 straight 방향

힘주어 손목을 고정하고 플랫 flat 구질로 볼을 밀고 가야 한다.

크로스 cross 방향

힘주어 손목을 고정하고 다운-업 스타일 down-up style 로 스윙한다.

CHAPTER 2. 최사부의 테니스 정석

멀리 보고 볼을 낚아채라

08

멀리 보고 볼을 낚아채라

멀리 보고

- 손목을 힘주어 고정하고, 멀리 보고 쳐라. 그래야 아웃이 되더라도 원인 분석이 가능하다. 네트에 걸리면 원인 분석을 할 수가 없다.

낚아채라

- 고기가 물린 낚싯대를 잽싸게 낚아채 듯 하면 볼에 강한 회전이 걸린다.
- 묵직한 볼, 아웃이 잘 되지 않는 샷이 된다.
- 라켓 헤드가 떨어진 만큼 올리면서 낚아채라.

CHAPTER 2. 최사부의 테니스 정석
멀리 보고 볼을 낚아채라

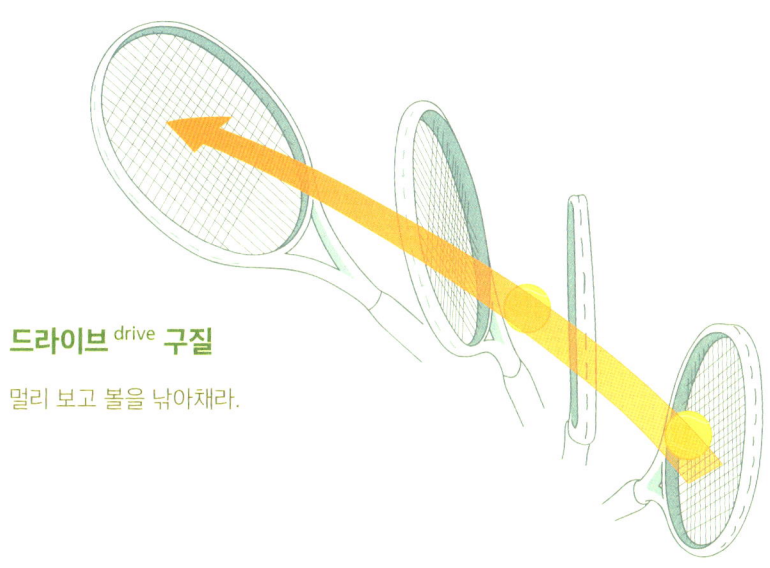

드라이브 drive 구질
멀리 보고 볼을 낚아채라.

슬라이스 slice 구질
칼로 베라.

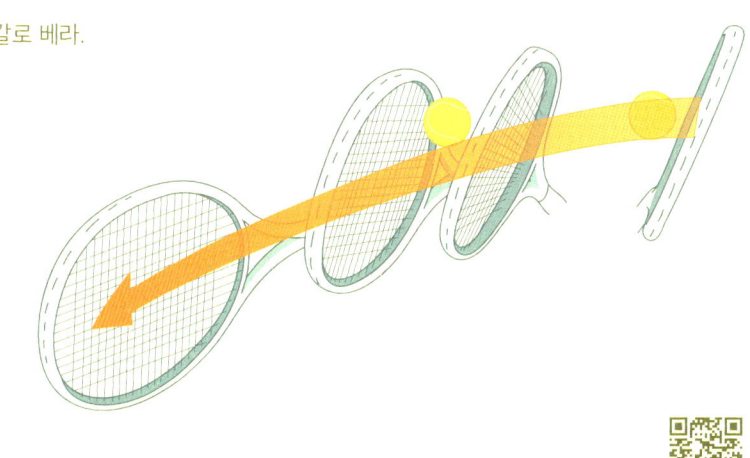

09

자신 있게
풀 스윙하라

인 in 에서 아웃 out 으로

- 커다란 원이 만들어진다.
- 원심력에 의한 강한 파워가 생긴다.
- 팔꿈치가 허리에서 멀어지면 정확도가 떨어진다.

CHAPTER 2. 최사부의 테니스 정석
자신 있게 풀 스윙하라

드라이브

슬라이스

CHAPTER 2. 최사부의 테니스 정석
자신 있게 풀 스윙하라

드라이브

슬라이스

CHAPTER 2. 최사부의 테니스 정석
자신 있게 풀 스윙하라

interview

테니스 40년 구력을 자랑하는 정덕영에게 묻고 답하다

정덕영

몇 년 전 모 대학교 테니스 코트 백보드에서 '같이 한 번 치실까요?'라고 건넨 인사가 인연이 되어 지금은 매주 저녁 한 끼 후 2시간 동안 테니스를 함께 치는 전주의 테니스 친구. 40년을 한결같이 테니스에 깊은 애정을 가져온 58년 개띠 동갑내기.

세상에는 수많은 스포츠가 있는데 왜 하필이면 테니스가 좋은가요?

테니스는 다이내믹하면서도 신사적입니다. 특히 대부분의 운동이 상대방과 직접 몸싸움해야 하는 데 반해, 테니스는 다른 사람들과 부딪힐 필요가 없고 어떠한 압박 상황에서도 내가 원하는 방향으로 공을 보낼 수 있는 멘탈, 강력한 멘탈이 요구되는 스포츠이죠. 극히 개인적인 스포츠이면서도 동시에 상대의 수를 읽어야 하는 고도의 정신력이 필요하다는 의미입니다. 그래서 테니스가 좋습니다.

탁구나 배드민턴도 상대방과 직접 부딪히지 않는 점은 비슷한 것 같은데?

테니스는 잔디나 흙같이 직접 땅을 밟으면서 해야 합니다. 그리고 탁구와 배드민턴과는 코트의 스케일이 확실히 다르죠. 실제 심장만 한 크기의 공을 다룬다는 점도 매력적입니다.

테니스의 매력을 좀 더 설파한다면?

테니스가 매력적인 점은 우리 인생의 모습에 비유할 수 있다는 것입니다. 아시다시피 삶이라는 건 가만히 정지해 있을 수만은 없습니다. 끊임없이 움직여야 하죠. 아니 원하든 원치 않든 계속 움직일 수밖에 없습니다. 멈추면 삶이 아니라 죽음에 가까운 것이니까요. 다소 무겁게 들릴지도 모르겠습니다만 테니스도 이와 비슷합니다. 테니스하는 내내 끝없이 움직여야 합니다. 공도 움직이고 상대방도 움직이고 나 역시 계속 움직여야 합니다. 나는 비슷한 맥락에서 사이클링도 즐기는데, 자전거 역시 몇 시간이라도 타고 어디론가 갈 수 있지만 잠시라도 서 있으라고 하면 바로 넘어지게 마련입니다. 더불어 테니스는 포지셔닝이 중요하죠. 이 역시 우리네 인생과 닮지 않았나요?! 좋은 기회를 잡기 위해선 적절한 선택이 필요하고 자신의 포지션을 객관적으로 볼 수 있는 이성이 필요하니까요. 이따금 치열한 자리싸움도 요구됩니다. 짧게 오는 볼을 위해서는 앞으로 나와서 발리로 받아쳐야 하고 길게 오는 볼을 위해서는 엔드라인까지 맹렬히 돌진해야 합니다.

여러모로 테니스와 우리 인생이 서로 맞닿아 있는 점, 철학적으로 느껴지고 그 내용에 공감하게 되네요. 단도직입적으로 묻고 싶습니다. 당신은 테니스 고수인가요?

초보자들은 테니스를 '말'로 친다고 합니다. 자기가 이해도 못하면서 그냥 입으로 친다는 이야기지요. 다음 단계는 '팔'로 치는 것입니다. 테니스에 조금 익숙해졌다고 팔에 힘이 잔뜩 들어가 파워만을 앞세우게 되는 과정이죠. 이 단계를 거치면서 테니스 엘보 tennis elbow 가 오기 십상입니다. 다음은 '발'로 치는 세 번째 단계. 이 단계에서는 드디어 빠른 발로 어려운 공을 받아넘길 수 있게 됩니다. 이 정도 수준이면 스스로가 상당히 잘 치는 느낌이 들 거예요. 그다음은 '**몸**' 전체로 치는 단계. 전반적으로 자연스러운 자세로 물 흐르듯 유연한 느낌으로 테니스를 치게 될 것입니다. 그리고 마지막 최고 단계는 바로 '**머리**'로 치는 것. 진정한 고수가 된 것입니다. 그렇다면 나는 어느 단계일까? 하하하! 이것은 그냥 비밀에 부쳐두고 싶군요.

오호, 그야말로 테니스 하이어라키! 초보에서 고수까지 단계별로 재미난 구분법 같네요. 그렇다면 앞으로 자신의 테니스에서 좀 더 욕심내고 싶은 것이 있다면요?

네, 테니스는 항상 즐겁지만 당연히 만족하지 못하는 부분도 있기 마련입니다. 기술적이나 체력적인 부분은 더 노력해야 하고 더 철저한 자기 관리가 필요하다고 생각해요. 그래서 제가 플레이를 잘했는지보다는 '오늘 플레이한 상대방이 과연 나와 테니스를 치면서 더 재미를 느끼고, 스스로가 더 나아졌다고 느끼는지?' 이 부분에 집중하려고 합니다.
'테니스 tennis'라는 명칭은 서비스를 넣기 전에 외치는 프랑스의 고어인 '뜨네 tenez'에서 유래된 것이라고 하는데요. 이는 '받다 take'라는 의미랍니다. '서비스'란 단어도 상대방이 잘 받을(칠) 수 있게 갖다 바친다는 뜻이 아닌가요! 테니스를 정말 잘하는 사람은 나만 잘 치기보다는 상대방이 잘 치게끔 해주는 사람이라고 생각해요. 이런 면에서 볼 때 나는 아직도 배가 고픕니다.

테니스를 칠 때 승부 게임을 즐기지 않는 편인데 특별한 이유가 있나요?

게임을 하게 되면 좋은 경기를 하는 것이 아니라 승부에만 치중하기 쉽습니다. 이를테면 선수들을 내보낼 때 강팀하고 맞붙게 되면 어차피 버리는 경기로 치부해 버리고 하수를 내보낸다든가 하는 오더 싸움만 하는 셈이죠. 그렇게 되면 경기가 이내 끝나버리고 상대방도 의욕 없이 열심히 뛰지 않는 경기가 됩니다. 이것은 결국 재미없는 테니스를 하고 말았다는 것. 승패를 떠나 볼 하나하나를 알차게 치고 싶어요. 테니스를 진정 즐기고 싶다는 이야깁니다.

거의 매일 테니스를 치는 것으로 알고 있어요. 체력적으로 힘들지 않나요?

체력적으로 힘든 것보다 좀 더 폼나게, 더 예쁘게 치고 싶은데 내가 원하는 구질이 안 나오니까 이게 제일 힘들더라고요. 페더러 Roger Federer 처럼 칠 수는 없어도 페더러가 느끼는 그 감각, 그 희열감은 똑같이 느끼는 것 같다는 말을 평소 자주 합니다. 내가 그 사람의 동작을 똑같이 구현은 못 해도 그 사람이 테니스할 때 원하는 바, 느끼는 바에는 통감한다는 뜻입니다.

원래는 오른손잡이인데 왼손으로 테니스를 치신다고요? 어떤 이유에서인가요?

안과 전문의이기 때문에 수술 집도를 위해 오른손을 보호하느라 왼손으로 테니스 치는 법을 다시 연습했습니다. 오른손으로 할 수 있는 것을 왼손으로는 할 수 없다는 것은 오른손 동작을 정확하게 이해하고 구사하는 게 아니라는 생각이 들었습니다. 자기가 정확하게 이해하면 당연히 재연할 줄 알겠죠. 물론 만만치 않은 훈련 과정이 필요하겠지만요. 반면에 매우 섬세한 수술을 해야 하는 안과 외과의로서 '원-핸드 서전'이라는 것은 미래가 없는 것과 같습니다. 해서 테니스 라켓을 오른손에서 왼손으로 바꿔 잡기로 결심했죠. 솔직히 테니스를 위해 수술을 접어야 하나까지 생각했는데 오히려 테니스를 왼손으로 치면서부터 수술할 때 오른손이 한결 편해졌어요.

지금 막 시작하는 테니스 초보자들에게 한마디 조언을 하신다면?

성경에 이런 말이 있습니다. '끝은 훌륭하고 창대해도 시작은 다 미약하다.' 처음에 너무 욕심부리지 말고 그냥 아기들 걸음마 떼듯이 매일 조금씩 나아간다는 마음가짐으로 테니스를 시작했으면 좋겠어요. 어릴 적부터 체력이 약해서 학창 시절 남들은 손쉽게 만점 받는 체력장을 기본 점수밖에 받지 못했던 나도 이렇게 오래 꾸준히 하니 지금은 그 누구보다 더 활기차게 테니스를 즐기고 있습니다. 응원하겠습니다.

최사부의 말·말·말

7
발리는 막는 개념이다.

8
자세가 나쁘면 불량품이 제조된다.

9
발리는 각이다.

발리 랠리

최사부의
발리
핵심 포인트 8

3

01

몸으로
막아라

라켓만으로 테니스를 치면 안 된다.

- 볼이 오면 몸이 먼저 가서 몸으로 볼을 막는다고 생각하고 움직인다.
- 몸이 움직이면서 몸의 회전을 만들어서 라켓에 그 힘을 전달하는 것이다.

CHAPTER 3. 최사부의 테니스 정석

몸으로 막아라

포핸드 발리

백핸드 발리

CHAPTER 3. 최사부의 테니스 정석

라켓 헤드 세우고 머리와 손목을 고정하라

02

라켓 헤드 세우고 머리와 손목을 고정하라

몸의 무게중심을 양발 앞쪽에 둔다.

- 곧바로 움직임이 가능하다.

라켓 헤드를 세운다.

- 볼을 원하는 방향으로 보내기가 쉽고 컨트롤이 쉽다.

머리를 고정한다.

- 상체를 견고하게 하며, 볼을 일관되게 보면서 대응할 수 있다.

손목을 고정한다.

- 손목의 뒤틀림이 없어야 볼의 방향을 정하여 보낼 수 있다.

CHAPTER 3. 최사부의 테니스 정석
라켓 헤드 세우고 머리와 손목을 고정하라

CHAPTER 3. 최사부의 테니스 정석
볼을 이마 앞에 두어라

03

볼을
이마 앞에 두어라

발리 시 볼을 이마 앞에 두고 요리하는 이유

○ 볼 컨트롤이 쉽고 파워 있는 볼을 칠 수 있다.

CHAPTER 3. 최사부의 테니스 정석
볼을 이마 앞에 두어라

04

수평과 수직을 유지하며 높은 타점을 찾아라

왜 높은 타점을 찾아야 하는가?

- 공격 가능 범위가 넓다.
- 산 정상이 오르면 동네가 훤히 보이듯이, 높은 타점에서는 공격할 수 있는 범위가 넓어진다.

CHAPTER 3. 최사부의 테니스 정석

수평과 수직을 유지하며 높은 타점을 찾아라

포핸드 발리

네트와 어깨 방향 수직

기본 자세

낮은 볼

높은 볼

CHAPTER 3. 최사부의 테니스 정석
수평과 수직을 유지하며 높은 타점을 찾아라

백핸드 발리

네트와 어깨 방향 수평

기본 자세

낮은 볼

높은 볼

CHAPTER 3. 최사부의 테니스 정석
수평과 수직을 유지하며 높은 타점을 찾아라

균형

CHAPTER 3. 최사부의 테니스 정석
앞발을 내디디면서 사선(V자, V자)으로 북을 쳐라

05

앞발을 내디디면서
사선(V자, ∧자)으로 북을 쳐라

포핸드 발리

왼발 내디디며, 두 팔이 V자 모양으로

CHAPTER 3. 최사부의 테니스 정석

앞발을 내디디면서 사선(V자, V자)으로 북을 쳐라

- 앞발을 내디디면서 쳐야 라켓 면이 유지된다.

상체와 라켓이 같이 올라갔다 내려오면서

CHAPTER 3. 최사부의 테니스 정석

앞발을 내디디면서 사선(V자, V자)으로 북을 쳐라

백핸드 발리

오른발 내디디며, 두 팔이 ∧자 모양으로

①

②

CHAPTER 3. 최사부의 테니스 정석

앞발을 내디디면서 사선(V자, V자)으로 북을 쳐라

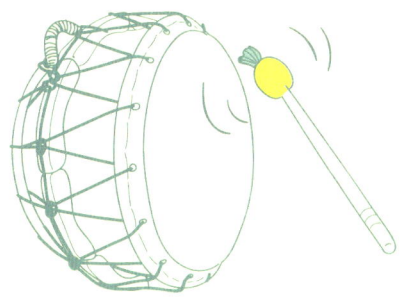

발리는 북치기이다.

CHAPTER 3. 최사부의 테니스 정석

권투의 잽과 훅을 날리듯이 쳐라

06

권투의 잽과 훅을
날리듯이 쳐라

CHAPTER 3. 최사부의 테니스 정석
권투의 잽과 훅을 날리듯이 쳐라

일반적인 높이의 발리는 잽을 날리듯이

하이 발리는 훅을 날리듯이

CHAPTER 3. 최사부의 테니스 정석

라켓을 절대 엎지 마라

07

라켓을
절대 엎지 마라

라켓 헤드가 수평 이하로 떨어지거나 라켓을 엎으면

- 볼의 방향성을 상실한다.
- 볼에 파워를 실을 수 없다.

CHAPTER 3. 최사부의 테니스 정석
라켓을 절대 엎지 마라

포핸드 발리

백핸드 발리

CHAPTER 3. 최사부의 테니스 정석
볼 밑으로 라켓을 집어넣어라

08

볼 밑으로 라켓을 집어넣어라

포핸드 발리

CHAPTER 3. 최사부의 테니스 정석

볼 밑으로 라켓을 집어넣어라

CHAPTER 3. 최사부의 테니스 정석
볼 밑으로 라켓을 집어넣어라

백핸드 발리

CHAPTER 3. 최사부의 테니스 정석
볼 밑으로 라켓을 집어넣어라

높은 볼   낮은 볼

interview

함재원의 테니스 스토리

함재원

잘 다니고 있던 공공기관을 테니스에 필이 꽂혀 퇴사까지 한 친구. '무작위적인 삶'이라는 인생 모토를 가지고 대방동에서 테니스 숍을 운영하면서 항상 책을 가까이한다. 지방에 사는 나는 지금도 서울 대방동 '테니스 스토리 (www.tennisstory.co.kr)'에서 라켓 줄을 고쳐 맨다. 이유는 단 하나, 그곳에 함재원 그가 있기 때문이다.

지금은 공전의 테니스 열풍

테니스 가게를 운영한 지 10년이 다 되어갑니다. 제가 기억하기로 사실 요즘처럼 테니스의 인기가 엄청난 적이 없었습니다. 처음 가게를 열었을 때는 테니스가 그리 인기 있는 스포츠는 아니었습니다. 특히나 젊은 사람에게는 외면받는 느낌이 없지 않았지요. 요즘 손님들이 오시면 이구동성으로 얘기합니다. 정말 재미있고 건강에 도움이 되는 테니스에 푹 빠져 산다고요. 그러면 저는 항상 의문을 품습니다. 전에도 재밌는 운동이었거늘 인기가 없다가 왜 이제 와서 갑자기 이렇게 테니스 열풍이 부는 걸까?

몇 가지 추측이 가능하겠습니다만 제가 생각하는 테니스 붐의 이유는 다음과 같습니다. 참, 딱히 정확한 통계나 근거가 될 자료는 없는, 지극히 개인적 의견에 불과하므로 그저 재미 삼아 편하게 봐주시면 되겠습니다.

시간과 돈에 대한 진입장벽의 해체

먼저, 팬데믹 코로나19가 그 첫 번째 이유입니다. 코로나19는 테니스에도 많은 변화를 불러왔습니다. 코로나19로 인해 재택근무가 늘어나고 야근과 회식이 사라지면서 시간상으로 여유가 생겼습니다. 또, 해외여행이 제한되면서 여행 경비 등으로 소비되던 가처분소득이 고스란히 남게 되었습니다. 시간적으로도 경제적으로도 여유가 생겨나니 사람들은 자신의 욕구를 분출해야 할 대상을 찾아 나섰고 그중 하나가 테니스가 아니었을까 생각합니다. 따라서 코로나19로 인해 생겨난 시간과 경제적인 여유가 테니스에 대한 진입장벽을 낮추게 된 것이라 여겨집니다.

테니스 클럽에 대한 진입장벽의 해체

테니스를 정기적으로 치려면 당연히 클럽에 가입해야 했습니다. 이는 이제 테니스를 갓 배운 초보자들에게는 다소 가혹한 환경이었습니다. 발리도 채 익히지 못한 그들 수준으로는 기존 클럽에 들어가 친다는 것은 엄청 눈치 보이는 일이라 재미 붙이기가 어렵습니다. 분명히 이 클럽 문화는 높은 진입장벽이 되고 이는 곧 테니스 저변 확대를 저해하는 요소가 되었습니다.

그러다가 스마트폰과 앱이 결합하여 새로운 흐름을 만들었습니다. 요즘 젊은 테니스인들은 더 이상 테니스 클럽에 가입하려 들지 않습니다. 스마트폰 안의 테니스 게임 관련 매칭 앱을 열어(네이버 밴드, 카카오 단톡방, 그 외 앱 등) 각자의 수준에 맞는 모임을 찾아 그때그때 마음껏 테니스를 치러 다닙니다. 함께 칠 상대에 대한 부담도, 자신의 테니스 실력에 대한 부담도 없이 오로지 플레이에만 포커스를 맞출 수 있는 방식으로 전환되고 있습니다. 온전히 테니스를 즐기는 것이지요.

날씨와 장소에 대한 진입장벽의 해체

저희 가게에 오시는 대부분 손님의 불평을 들어보면 '비가 오면 레슨을 할 수가 없다'는 것입니다. 월 레슨비용을 이미 지불했는데 궂은 날씨로 인해 레슨을 받지 못할 뿐만 아니라 그에 대한 보강 시스템마저 모호한 것에 대한 불만이 컸습니다.

또한 코트의 위치가 집과 직장과 떨어져 있는 경우가 많아 레슨 받으러 가는 것에 대한 시간적 부담도 만만치 않다고 합니다. 실내 테니스 코트는 위와 같은 잠재적 불만을 일거에 해소해 주기에 충분했습니다. 비가 오거나 눈이 오거나 날씨에 상관없이 언제든 레슨을 받을 수 있으니 강남이나 여의도같이 직장이나 거주지 인근 역세권 주변에 생긴 실내 테니스 코트에 젊은이들이 몰리는 것은 어찌 보면 당연하다 할 수 있겠습니다. 여기서 기존 테니스 동호인들이 테니스를 바라보는 시각과 새롭게 테니스를 배우려 하는 사람들의 시각이 전혀 다름을 알 수 있습니다. 뉴비 newbie (신규 동호인)들에게는 정식 규격의 테니스 코트나 선수 출신 코치의 여부, 레슨비용의 적정성 따위가 중요한 게 아니었습니다. 그들에게는 테니스를 쉽게 배울 수 있는 장소나 환경이 더 중요한 것 같습니다. 이제는 실외 테니스 코트에서도 점차 월 레슨에서 쿠폰 레슨으로 시스템이 전환되고 있습니다. 결국 날씨에 구애받지 않는 실내 테니스 코트의 증가와 쿠폰 레슨으로의 시스템 전환이 테니스에 대한 진입장벽을 한층 낮추었습니다.

테니스 가게를 자영한다는 것에 관하여

　　테니스 가게는 다른 자영업과 조금 다른 특이한 점이 있습니다. 편의점이나 음식점과 다르게 원하든 원치 않든 손님과 어느 정도 소통해야 한다는 점입니다. 업종의 특성상 일회성 손님보다는 단골손님의 비중이 월등히 높습니다. 제 가게 경우에는 특히 코로나19를 기점으로 손님의 대부분은 테니스용품 구입보다는 주로 스트링을 매러 옵니다. 스트링 매는 시간은 대략 한 자루에 20~30분 정도 소요됩니다. 스트링 매는 시간이야 기껏해야 12~15분이면 충분하지만, 손님이 새 스트링 종류를 결정하고 고른 스트링의 텐션을 설명하고 기존 라켓에 있는 스트링을 해체해 새로 매고, 맨 스트링을 다시 고르는 시간을 다 포함하면 대략 20~30분은 족히 걸립니다. 그러면 이 시간 동안 손님과 아무런 대화를 하지 않고 있으면 오히려 침묵이 어색하고 무안해집니다. 제가 묵묵히 줄을 매면 손님은 조용히 앉아서 기다리고 반대로 제가 말을 걸기 시작하면 응대합니다. 해서 통상 제가 대화의 말문을 여는 편입니다. 그 짧은 20여 분 동안 별의별 이야기가 다 오갑니다. 어떨 때는 줄을 매는 것이 주인지 이야기가 메인인지 헷갈릴 때도 있고요. 하하! 가게 10년을 하면서 다양한 직종의 다양한 연령대의 손님을 만나왔고 그중에는 사적으로도 지속적인 교류를 이어가는 분들도 계십니다. 이런 분들에게는 물심양면으로 도움이나 넘치는 호의를 받는 경우도 많습니다.

저자와의 인연

테니스 가게를 운영하면 마음대로 가게를 비울 수 없으니 그 좋아하는 테니스를 원하는 시간에 자주 치러 가는 일도 부담스러운 것이 사실입니다. 손님이 있든 없든 가게를 지켜야 하니까요. 오죽하면 '사설 감옥'이라는 생각도 했을까요! 흐흐흐! 게다가 손님들의 스트링 매는 주기가 정해져 있다 보니 경제적으로 큰 보상을 얻는 업도 아닙니다. 오래된 손님들과의 정이 없었다면 테니스 가게를 10년이나 버틸 수 있었을지 여전히 의문스럽습니다. 이 책의 저자이신 정선용 선생님도 손님의 관계로 연을 시작한 지 근 10년이 다 되어갑니다. 비록 지금은 서울을 떠나 계시지만 변함없이 제 가게를 방문해 주셔서 소중한 인연을 이어가고 있습니다. 훌륭한 인품은 말할 것도 없고 그동안 제가 받았던 턱없이 많은 호의와 늘 격의 없이 대해주시던 자상함에 대한 에피소드들은 굳이 여기서 따로 얘기할 필요가 없을 것 같습니다. 그저 작은 테니스 가게를 하는 사람일 뿐인 저에게 자신이 출판할 책의 일부 페이지를 과감하게 할애하고 무조건 믿고 부탁하는 사람이라면 이미 이런 것들이 충분히 설명되지 않았을까요?

최사부의 말·말·말

10
낮은 게 안전하다.

11
라켓 면을 만들어라, 그러려면 몸을 써라.

12
꿩(볼)을 잡으러 가라.

13
라켓으로 한 획을 그어라.
= 한 번에 풀스윙하라.

포핸드 기본

포핸드 랠리

최사부의
포핸드 스트로크
핵심 포인트

4

CHAPTER 4. 최사부의 포핸드 스트로크 핵심 포인트

라켓 헤드 무게를 느껴라

01

라켓 헤드 무게를 느껴라

라켓 헤드 무게를 느끼려면

- 라켓을 세운다.
- 그립을 달걀 쥐듯이 가볍게 잡는다.
- 어깨에 힘을 뺀다.

CHAPTER 4. 최사부의 포핸드 스트로크 핵심 포인트
라켓 헤드 무게를 느껴라

CHAPTER 4. 최사부의 포핸드 스트로크 핵심 포인트

몸통을 회전하여 백스윙하라

02

몸통을 회전하여 백스윙하라

- 허리를 펴고 어깨에 힘을 뺀다.
- 시계 방향으로 몸통을 회전하여 백스윙한다.
- 꽈배기처럼 꼬아서 되돌아오는 힘을 만든다.

CHAPTER 4. 최사부의 포핸드 스트로크 핵심 포인트
몸통을 회전하여 백스윙하라

CHAPTER 4. 최사부의 포핸드 스트로크 핵심 포인트
무릎 반동을 이용하라

03

무릎 반동을 이용하라

무릎 반동

의자에 앉았다 일어나는 모습처럼 반동을 만든다.

CHAPTER 4. 최사부의 포핸드 스트로크 핵심 포인트

무릎 반동을 이용하라

CHAPTER 4. 최사부의 포핸드 스트로크 핵심 포인트

튀어 오르는 볼을 요리하라

04

튀어 오르는 볼을 요리하라

- 백스윙을 미리 하고 볼의 튀어 오르는 위치를 찾는다.
- 정확한 예측으로 빠르게 발을 움직여야 가능하다.
- 허리와 어깨 사이에서 볼을 임팩트하는 것이 이상적이다.

CHAPTER 4. 최사부의 포핸드 스트로크 핵심 포인트
튀어 오르는 볼을 요리하라

라이징 포핸드 스트로크

CHAPTER 4. 최사부의 포핸드 스트로크 핵심 포인트
볼을 라켓에 정면으로 맞추어라

05

볼을 라켓에 정면으로 맞추어라

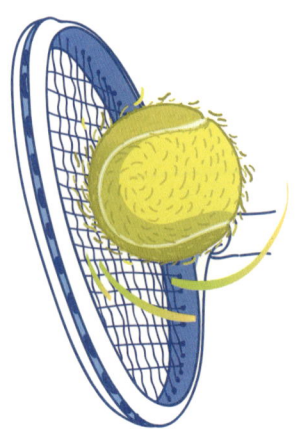

CHAPTER 4. 최사부의 포핸드 스트로크 핵심 포인트
볼을 라켓에 정면으로 맞추어라

06

손목을 쓰지 말고
엎드려서 쳐라

- 손목 사용 금지.
- 자세를 낮춰라. 상대가 라켓을 들면 나는 앉는다.

①

②

CHAPTER 4. 최사부의 포핸드 스트로크 핵심 포인트
손목을 쓰지 말고 엎드려서 쳐라

③

CHAPTER 4. 최사부의 포핸드 스트로크 핵심 포인트

임팩트 순간을 낚아채라

07

임팩트 순간을 낚아채라

①

②

CHAPTER 4. 최사부의 포핸드 스트로크 핵심 포인트
임팩트 순간을 낚아채라

③

④

CHAPTER 4. 최사부의 포핸드 스트로크 핵심 포인트
팔로우 스윙을 끝까지 하라

08

팔로우 스윙을
끝까지 하라

CHAPTER 4. 최사부의 포핸드 스트로크 핵심 포인트
팔로우 스윙을 끝까지 하라

- 오른쪽에서 왼쪽으로 유리창 닦는 것처럼 한 번에 스윙한다.
- 스윙 폭이 크면 커다란 파워를 만든다.

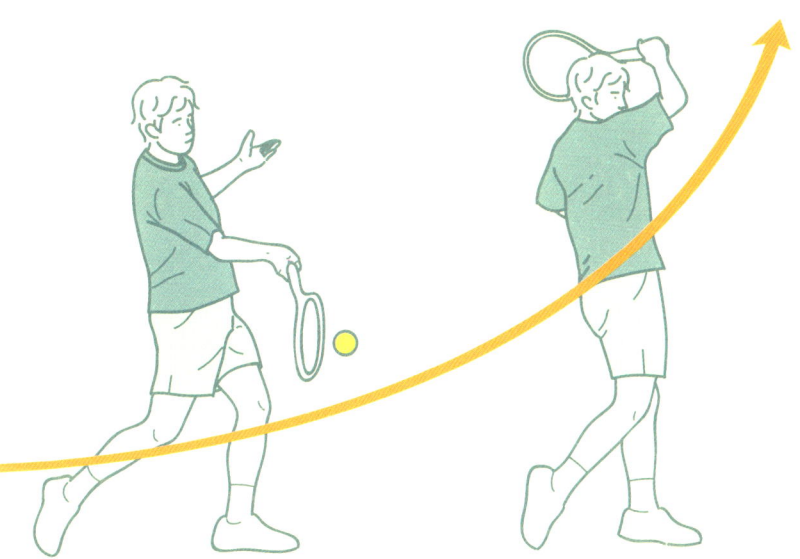

interview

부부 동반 테니스 동호인 서재원의 이야기

서재원·김연호

완산생활체육공원 테니스 실내 코트에서 매주 마주치는 부부 동반 테니스 동호인. 7년 만에 다시 라켓을 잡은 남편은 시작한 지 얼마 되지 않은 부인에게 큰소리로 훈수를 두곤 하는데 이 모습에 나는 눈웃음을 지을 수밖에. 일주일에 서너 번 쳐야 직성이 풀린다는 테니스 중증 환자(?) 부부다.

테니스를 시작하게 된 동기

　우리 가족은, 함께할 수 있는 재미있고 유익한 놀이를 찾는 걸 무척 좋아합니다. 특히 아이들이 어릴 적부터 홈스쿨링을 하면서 가족이 늘 함께였는데요. 그러던 중 지금부터 대략 9년 전쯤일까요? 어느 날, 테니스가 건강하고 재밌겠다 싶어 가족 넷이 함께 마음먹고 라켓을 잡게 되었습니다. 아~, 네! 물론 윔블던 경기를 보다가 상당한 우승 상금 액수에 혹해서 테니스에 본격적으로 관심을 두게 된 걸 먼저 시인해야겠네요.

　아이들과 테니스를 처음 시작할 때 아내는 거의 볼 수거자와 다름없었고 딸과 아들을 포함한 우리 셋은 아내 덕분에 편하고 즐겁게 테니스를 즐길 수 있었습니다. 매사 뭐든지 열정적으로 임하는 성격 탓에 기본기도 제대로 배우지 않고 그저 마구 여기저기 뛰어다니기만 했습니다. 그러다 보니 테니스 운동 후에 팔꿈치와 다리 등에 이러저러한 부상을 당했고 그로 인한 두려움으로 그 재밌던 테니스를 포기해야만 했습니다. 하지만 뭐든지 척척 잘 해내는 딸과 아들은 교육감배 대회에서 우승할 정도로 테니스에도 두각을 드러냈고 결과적으로 테니스 덕분에 우리 가족은 많은 즐거운 추억을 공유할 수 있었습니다.

　그 후, 테니스보다는 나름은 다소 덜 격렬한(?!) 운동이라 여겨지는 골프로 전향해서 치곤 하다가 올해 4월경에 문득 다시금 테니스를 쳐보고 싶다는 열망이 솟구쳤습니다. 이번에는 아내에게도 테니스를 적극

권장하며 함께 해보기로 했습니다. 테니스 코트로 돌아와 보니 역시나 테니스는 정말 즐겁고 근사한 운동임을 새삼 확인할 수 있었습니다.

허리 부상 극복기와 테니스가 좋은 이유

그동안 허리 수술도 두 번이나 받았기에 늘 조심스러웠던 것도 사실. 그런데 테니스를 치면서 허리에 좋은 올바른 자세를 익히고 조금씩 스스로 운동하며 치료한 덕분에 몸은 한결 가볍고 활기를 되찾았습니다. 예전에는 테니스 한 번 치고 나면 일주일을 거동하기 불편했는데 지금은 매일매일 테니스를 2시간씩 쳐도 별문제 없이 건강하게 지내고 있습니다. 평소 악력기를 사용하여 운전 중이나 진료(저는 치과 의사입니다) 중에 팔의 힘을 꾸준히 기르고 있고 경기 전후에 잊지 않고 다리 스트레칭을 하고 있으며, 침대에 누울 때는 허리 아래에 자세를 잡아주는 반달 모양의 폼을 넣고 지냅니다. 허리 아래에 두고 바르게 누워 있는 것만으로도 이 반달 폼의 효과는 의외로 너무도 드라마틱해서 강추하고 싶군요.

모든 운동이 그러하듯 제각각 매력이 있겠지만 테니스는 특히나 더욱 좋다고 생각합니다. 그 이유는 우선, 네트를 통해 상대와 몸싸움이나 과도한 부딪힘 없이 신사적으로 게임을 할 수 있어 좋고요. 배드민턴도 재미는 있으나 과도한 액션으로 관절이 쉽게 상하기 마련인 데 반해 테니스는 드롭 볼 처리를 제외하고는 대부분 큰 동작으로 안정적인 움직임을 할 수 있어 허리 부상을 걱정하기보다 오히려 하체 근육을 탄탄하게 단련해 줄 뿐만 아니라 전체적인 몸의 균형이 좋아짐을 몸소 느낍니다. 또한, 탁구처럼 좁은 공간에서만 짧게 움직이는 대신, 넓은 코트를 좌우 앞뒤로 맘껏 뛰어다닐 수 있는 점도 제 성향과 잘 맞습니다. 그리고 단단하면서도 반발력 좋은 테니스공을 손맛 느끼며 치는 재미는 다른 어느 종목에서도 찾을 수 없는 큰 매력이지요.

언젠가 저와 함께 처음으로 랠리 100개 미션을 성공시킨 후, 환한 웃음으로 뿌듯해하던 한 테니스 동료에게 이런 말을 건넨 적이 있습니다.

"지금은 테니스보다 재밌는 게 없어서 테니스만 치고 있는데요.
혹시 이보다 더 재밌는 거 있으면 제발 나한테도 꼭 좀 말해줘요."

그동안 수영, 골프, 배드민턴, 탁구, 당구, 농구, 스쿼시 등 많은 스포츠를 경험해 봤지만, 저에게는 테니스가 최고였습니다. 테니스와 매우 유사한 라켓볼은 경기장을 찾아볼 수가 없어서 칠 수가 없었죠. 이에 비해 테니스는 동호인이 많아 지역적으로 활성화가 되어 있고 접근성 좋은 테니스 코트 찾는 일도 그리 어렵지 않거든요. 최근에 부는 테니스 열풍 또한 이런 영향을 반영한 당연한 결과가 아닐까 싶고요. 저와 매주 같은 코트에서 테니스를 즐기는 정선용 저자의《역시, 스매싱은 망치질이다》독자분들께서도 테니스보다 더 재밌는 운동을 아신다면 부디 저에게도 꼭 좀 알려주시기를 당부드립니다.

(((최사부의 말·말·말)))

14
테니스는 리듬이 생명이다.

15
생각하지 말고 물 흐르듯 느낌(감)으로 쳐라.

16
팔만 가지고 치면 하수(下手)다.

스매싱 기본

스매싱 랠리

최사부의 스매싱과 서비스

5

01

최사부의
스매싱
핵심 포인트 4

CHAPTER 5. 최사부의 스매싱과 서비스

최사부의 스매싱 핵심 포인트 4

볼 밑을 찾아가라

네트 부근일 때
강력한 스매싱으로 결정한다.

CHAPTER 5. 최사부의 스매싱과 서비스
최사부의 스매싱 핵심 포인트 4

볼 밑을 찾아가라

서비스라인 부근일 때
상대가 받기 어려운 곳으로 스매싱한다. 강타보다는 정확하게 쳐라.

CHAPTER 5. 최사부의 스매싱과 서비스
최사부의 스매싱 핵심 포인트 4

엔드라인 부근일 때
상대에게 안전하게 넘기는 스매싱을 한다. 볼을 제대로 넘기기만 한다는 생각으로 쳐라.

CHAPTER 5. 최사부의 스매싱과 서비스

최사부의 스매싱 핵심 포인트 4

옆걸음질로 볼을 쳐다봐라

①

②

어깨 회전력을 만들어서 강력하고 정확한 볼을 치기 위해 네트와 어깨 방향이 수직이 되도록 옆걸음질한다.

CHAPTER 5. 최사부의 스매싱과 서비스

최사부의 스매싱 핵심 포인트 4

③

④

CHAPTER 5. 최사부의 스매싱과 서비스

최사부의 스매싱 핵심 포인트 4

무릎 반동을 이용하라

①

②

임팩트 직전 무릎 반동 만들기.

정타를 쳐라.

욕심을 부리지 마라.

CHAPTER 5. 최사부의 스매싱과 서비스
최사부의 스매싱 핵심 포인트 4

③

CHAPTER 5. 최사부의 스매싱과 서비스

최사부의 스매싱 핵심 포인트 4

천장에 망치질하듯 임팩트하라

공격 범위는 최고점에서 넓기 때문에 볼 낙하지점에서 라켓을 뻗었을 때 최고점에서 만나는 점(정점)을 찾는다.

허리를 뒤로 젖혔다가 위로 올라가면서 쳐라. 그러면 볼에 큰 파워를 실을 수 있다.

CHAPTER 5. 최사부의 스매싱과 서비스
최사부의 스매싱 핵심 포인트 4

02

최사부의
서비스
핵심 포인트 4

CHAPTER 5. 최사부의 스매싱과 서비스

최사부의 서비스 핵심 포인트 4

어깨에 힘을 빼라

부드러움이 서비스의 생명이다.

일관성 있는 토스가 최우선이다.

서비스 준비에서 임팩트 순간까지 어깨에 힘을 뺀다.

CHAPTER 5. 최사부의 스매싱과 서비스

최사부의 서비스 핵심 포인트 4

이마 앞에 토스하라

이마 앞에 토스하면 서비스를 넣은 후 전진하기 쉽다.

동네 테니스에서는 복식 게임을 하는 경우가 많기에 서비스 후 네트 선점이 중요하다.

①

②

③

④

CHAPTER 5. 최사부의 스매싱과 서비스

최사부의 서비스 핵심 포인트 4

CHAPTER 5. 최사부의 스매싱과 서비스

최사부의 서비스 핵심 포인트 4

볼의 최고점에서 라켓의 최고 속도를 만들어라

최고점 찾기, 최고 속도 만들기, 그리고 순간 참기.

라켓은 머리 뒤편에서 출발하라.
어깨 회전을 최대로 하여 최고 속도를 만들어라.

CHAPTER 5. 최사부의 스매싱과 서비스

최사부의 서비스 핵심 포인트 4

임팩트 직전 순간 참아라
마치 회초리를 위로 향해 치는 것처럼
라켓으로 위에서 볼을 덮는다는 느낌으로 쳐라.

CHAPTER 5. 최사부의 스매싱과 서비스

최사부의 서비스 핵심 포인트 4

왼발을 박차며 임팩트하라

왼발 박차기, 타이밍, 임팩트는 서비스의 삼박자.

CHAPTER 5. 최사부의 스매싱과 서비스

최사부의 서비스 핵심 포인트 4

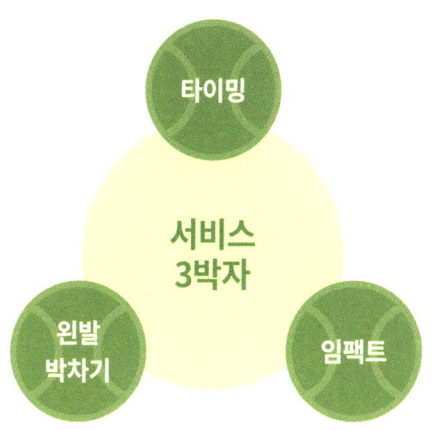

철봉을 할 때 '배치기'를 하며 위로 오르는 것처럼
볼을 향해 튀어 오르면 임팩트한다.

몸이 1(일)자 모양이 되도록 크게 임팩트하라.

interview

온 가족이 테니스 동호인, 이분세가 전하는 테니스 기본 매너

이분세

가족 네 사람이 모두 테니스를 즐긴다. 가족이 함께하면 혼합복식, 성별 대결 등 다양한 게임 방식이 가능할 것 같다. 유머러스한 만물박사이기도 하다. 비즈니스, 세상살이, 운동 등등 그 어떤 주제에 관해 이야기해도 재치 넘치는 입담을 선사한다.

최사부와 같은 제자로서 만난 지가 벌써 9년째가 되었네요. 이분세 자신이 생각하는 테니스의 매력은 뭡니까?

현재 제가 하는 일이 적성에 맞아 즐겁게 하고는 있는데, 항상 즐거운 일만 있을 수는 없잖아요. 업무가 잘 마무리되지 않거나 문제가 생기면 스트레스를 받아 머리가 아파질 때가 있어요. 그러면 일과 이후에도 해결되지 않은 일들로 머릿속은 편히 쉬기 어려운 상태가 됩니다. 퇴근해도 일을 하고 있는 셈이죠. 바로 이럴 때 테니스 레슨을 받거나 게임을 하면서 땀을 쫙 빼고 나면 머릿속에서 모든 일이 말끔히 지워져 두통이 싹 가시는 게 제겐 테니스의 가장 큰 매력입니다.

스트레스를 확 날려버리는 효과네요! 근데 이 효과가 다음 날 회사 출근까지 지속되나요?

네, 정말 그런 것 같아요. 잠자기 전까지 거의 무념의 상태로 회사 일은 안중에도 없죠. (웃음) 다음 날 아침 출근해서 '자, 어제 무슨 일이 있었지? 이 일을 해결하려면 이제부터 뭘 해야 할까?' 하고 생각을 시작합니다. 만약 테니스를 하지 않았다면, 그러니까 테니스로 스트레스를 풀지 않았다면, 계속 업무에 대한 잔상이 남아 저를 괴롭혔을 겁니다. 이걸 경험해 보고 좋아서 애들에게도 같이 테니스하자고 했지요.

아드님이, 입대 전인가, 아버지의 강권으로 마지못해 테니스를 치는 듯하면서 나에게 했던 말이 기억나네요. "선용 아저씨와 랠리하는 것이 아버지와 하는 것보다 훨씬 재미있어요." (웃음) 그때 기분이 상당히 좋더군요. 하하! 결국 가족 네 사람이 모두 테니스 동호인이 되었는데 가족 모두가 테니스를 즐기게 되기까지 재미난 에피소드는 없었나요?

테니스를 치는 동안은 복잡한 모든 일에서 해방될 수 있는 게 좋아 애들한테 테니스를 해 보라고 했는데 워낙에 운동을 싫어하니까 초기에 관심과 흥미를 갖게 하는 것이 어려웠어요. 그러던 어느 날 가족 넷이 송도의 한 코트로 테니스를 치러 갔어요. 말이 테니스지 딸은 그냥 똑딱이 수준이랄까? 아내는 배드민턴한 경험이 있어 나름 공은 맞힐 수 있었고요. 아들은 그냥 마지못해서 따라온 상태였습니다. 그런데 옆에서 나이 드신 어르신이 저희를 보고 '가족이 함께 테니스를 치고 있으니까 너무 보기 좋다'고 칭찬을 하셨어요. 이 말에 다들 기분이 좋아졌고, 비록 잘하지는 못해도 같이 운동하는 게 무척 유쾌했나 봐요. 그렇게 그 이후 3번 더 코트를 예약했죠. 그러다 어느 날 딸이 엄마와 함께 테니스를 더 하고 싶다고 공표하는 바람에 이를 계기로 가족 모두가 본격적으로 시작하게 되었습니다. 딸은 벌써 2년 가까이 최사부님께 배우고 있는데 테니스하는 날만 손꼽아 기다리는 듯합니다. 비가 오면 아쉬워하기까지 하니 '이제 테니스인이 다 되었구나!' 하는 생각에 한편으로 대견하기도 합니다. 아들은 대학교 졸업반이라 잠시 쉬고 있으며, 아내는 무작정 힘으로만 운동했는지 테니스 엘보가 와서 쉬고 있네요.

역시 최사부의 가르침이 테니스 가족을 만드는 데 혁혁한 공을 세웠네요. 집안에 다른 분들도 테니스하신다는 이야기를 전에 얼핏 들은 적이 있는데?

맞아요. 제가 테니스를 우연히 시작한 건 아니고, 누나하고 자형 덕분에 테니스를 했어요. 자형은 테니스 코치 생활을 하다가 누나를 만나 결혼했지요. 누나는 국화부* 중에서도 슈퍼 국화입니다. 이 정도로 잘 치니 제가 자극을 안 받으래야 안 받을 수가 없었어요. 조카도 테니스를 잘 쳐요. 말 그대로 '테니스 대가족'입니다. 하하하!

와~, 정말 대단하군요! 테니스 명문가네요! 집안사람들이 모여 테니스 시합을 해도 무척 재미있을 것 같아요. 부러운데요.

가족이 함께 테니스를 칠 수 있는 건 분명 행운인 것 같습니다.

---

* 국내 테니스 여성 동호인 그룹은 크게 개나리와 국화로 테니스 등급이 나뉘어 있다. 테니스에 입문하여 개나리부 대회에서 우승하면 국화부가 된다. 비공식적으로는 신입 국화부를 '들국화'라 부르고, 국화부 대회에서 5회 이상 우승하면 '슈퍼 국화'라고 부른다.

테니스 동호인으로 저에게나 다른 동호인들에게 바라는 점이 있나요?

과천 관문 코트에서 모였던 분 중에 나이로 넘버 2인 선용 형님은 그야말로 분위기 메이커로 선봉에 서서 사람들을 즐겁게 해주고, 저 역시 함께 테니스하는 것이 늘 즐거웠어요. 탄탄한 실력을 바탕으로 항상 주위 분들에게 배려하는 모습을 배우게 됩니다. 실력에 매너까지 겸비한 형님은 제가 닮고 싶은 동호인 중 한 분입니다. 랠리를 하다 보면 승패에 급급한 나머지 지켜야 할 최소한의 기본 매너가 부족한 이들이 있습니다. 안타까워요. 테니스를 치기 전에 테니스의 기본 매너를 먼저 익혀야 한다고 생각합니다.

좋은 지적이에요. 항상 상대방과 함께 운동해야 하는 테니스에서 기본 매너에 대한 개념이 없으면 눈살을 찌푸리게 되지요. 테니스의 기본 매너로는 어떤 것이 있을까요?

먼저, 시합 전후에 인사로 예의를 갖춰야 하죠. 그리고 다른 사람이 게임을 진행하고 있을 때 코트 주변으로 통행하지 않을 것. 포인트가 끝날 때까지 기다리는 것이 기본이죠. 또 상대방이 실수했을 때 손뼉을 치거나 대놓고 좋아하면 상대방이 불쾌해지잖아요. 이럴 땐 격려가 필요하고 그것이 진정한 고수의 태도가 아닐지 싶어요. 상대방이 좋은 플레이를 했을 때는 진심으로 박수 보내고 칭찬하는 것이 굿 매너겠죠. 무엇보다 테니스에서 지켜야 할 매너의 핵심은 함께 경기하는 상대방의 인격을 존중하는 것입니다. 그러니 시합 중에 상대방을 가르치려 들거나 충고하는 것은 금물. 이는 상대방의 기분을 상하게 할 수 있으니까요.

이 정도는 기본! **테니스 매너**

1. 상대방보다 먼저 코트에 나와 맞이하고 게임 전후에 인사로 예의를 갖추는 것이 매너.

2. 상대방에게 공을 건네줄 때는 상대방이 받기 편하도록 허리 높이에 원 바운드로 넘기는 것이 매너.

3. 다른 사람이 게임을 진행하고 있을 때 코트 주변으로 통행하지 않기. 포인트가 끝날 때까지 기다리는 것이 매너.

4. 상대방이 실수했을 때 손뼉을 치거나 좋아하는 것은 금물. 오히려 상대방이 좋은 플레이를 했을 때 박수를 보내고 칭찬하는 것이 매너.

5. 상대방이 준비가 된 것을 확인하고 서브를 넣는 것이 매너.

6. 서브하는 선수 또는 리시브하는 선수에게 소리를 내어 방해하는 것은 금물.

7. 함께 경기하는 상대방의 인격 존중하기. 시합 중에 상대방을 가르치거나 충고하는 것은 상대방의 기분을 상하게 할 수 있음.

최사부의 말·말·말

17
테니스 3대 중대사:
균형을 잡아라,
어깨에 힘을 빼라,
치는 순간까지 볼을 봐라.

18
위험지역을 빨리 벗어나라.

19
볼을 기다리면 진다.

동네 테니스
복식 게임 전술

6

CHAPTER 6. 테니스 복식 게임 전술

01

발, 발, 발,
항상 발을 움직여라

- 스플릿 스텝을 해야 볼에 접근하기 쉽다.

발, 발, 발, 항상 발을 움직여라

02

상대의 볼 구질을 빨리 파악하라

상대로부터 파악해야 할 정보

- **상대의 선호 위치를 파악하라**

  상대가 주로 어디에 있는지 확인한다.

- **상대의 구질을 파악하라**

  상대 라켓 헤드가 임팩트 이후 어디로 가는지 관찰한다.

- **상대의 강점과 약점을 파악하라**

  시합 전 테스트 랠리를 해보면서 상대의 주특기나 약점을 살핀다.

- **상대의 게임 스타일을 파악하라**

  게임이 시작되면 네트플레이 형인지 베이스라인 형인지 게임 스타일을 파악한다.

상대의 볼 구질을 빨리 파악하라

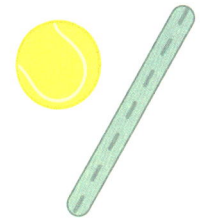

라켓 헤드가
아래 방향으로 간다
: 슬라이스

라켓 헤드가
옆 방향으로 간다
: 플랫

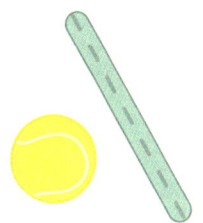

라켓 헤드가
위로 간다
: 드라이브

03

기다리면 진다,
볼을 빨리 찾아가라

내가 서비스 권한을 가졌을 때

서비스

첫 발리

가능한 첫 서비스를 성공시킨다.
서비스를 넣고 재빨리 네트로
접근하고 기다린다.

엔드라인 깊숙이 준다.
상대방이 처리하기 어렵게 한다.

기다리면 진다, 볼을 빨리 찾아가라

상대 라켓을 응시한다.

스플릿 스텝을 한 후 바로 볼을 쫓아간다.

04

볼이 오는 정면이 아닌 옆에서 맞이하라

- 볼이 오는 정면이 아닌 옆 방향에서 맞이하면 몸통 회전을 만들기 쉽고 공격 범위가 한결 넓어진다.

볼이 오는 정면이 아닌 옆에서 맞이하라

포핸드 스트로크

백핸드 스트로크

볼이 오는 정면이 아닌 옆에서 맞이하라

포핸드 발리

백핸드 발리

볼이 오는 정면이 아닌 옆에서 맞이하라

스매싱

CHAPTER 6. 테니스 복식 게임 전술

05

모든 볼은
일단 몸으로 막아라

포핸드 발리

- 라켓만으로 테니스를 치면 안 된다. 몸을 움직이지 않고 라켓만 움직여서 테니스 치기란 쉽지 않다.

모든 볼은 일단 몸으로 막아라

백핸드 발리

- 볼이 오면 마중 나가는 것처럼 먼저 몸이 나가서 볼을 막는다.

06
센터를 지키는 전위가 되어라

센터를 지켜야만 하는 이유

- 테니스 네트는 센터 부분 높이가 0.917m, 양쪽 끝부분 높이가 1.07m로 센터 쪽이 낮으니 센터 부근으로 볼을 넘기기가 유리하다.
- 게임에서 네트 센터 부근으로 오는 볼이 70% 이상이다.
- 동네 테니스 수준의 복식 게임에서는 여간한 강심장이 아니고서는 네트 가장자리인 높은 쪽으로 샷을 치기란 쉽지 않다.

센터를 지키는 전위가 되어라

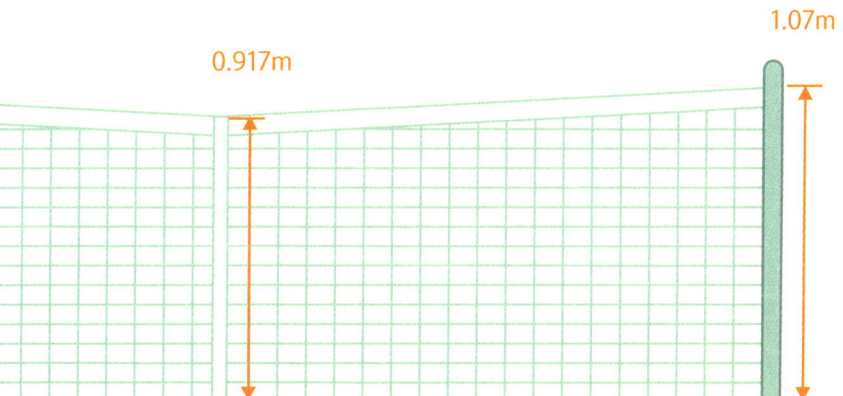

CHAPTER 6. 테니스 복식 게임 전술

07

떠난 볼은
미련을 버려라

- 이미 떠난 볼에는 미련이나 자책을 하지 말고 내 라켓을 떠난 볼이 상대 코트 어디로 가는지 낙하지점만 상상하면 된다. 지나간 실수보다는 나의 다음 샷을 준비하는 것이 중요하다.

떠난 볼은 미련을 버려라

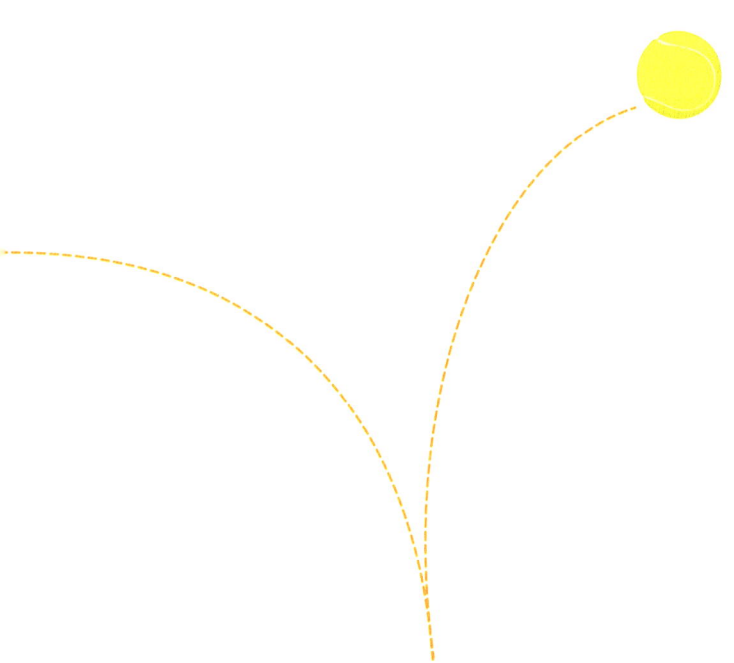

CHAPTER 6. 테니스 복식 게임 전술

08

상대의 라켓을 주목하라

상대가 라켓을 들면 앉아라.

- 상대가 라켓을 들고 공격 태세를 취하면 나는 낮게 앉는다.

- 낮은 자세를 취하면 무게 중심이 낮아지므로 자세의 균형이 잘 잡힌다.

- 자세를 낮추면 네트 너머로 더욱 넓은 시야를 확보할 수 있다.

상대의 라켓을 주목하라

상대가 라켓을 내리면 네트로 접근하라.

- 상대가 라켓을 내릴 때는 네트로 접근해 공격 기회를 잡을 수 있다.

CHAPTER 6. 테니스 복식 게임 전술

09

좋은 볼도 냉정하게, 어려운 볼은 차분하게 대하라

- 테니스에서 대충은 없다.
- 정확하게 쳐라.

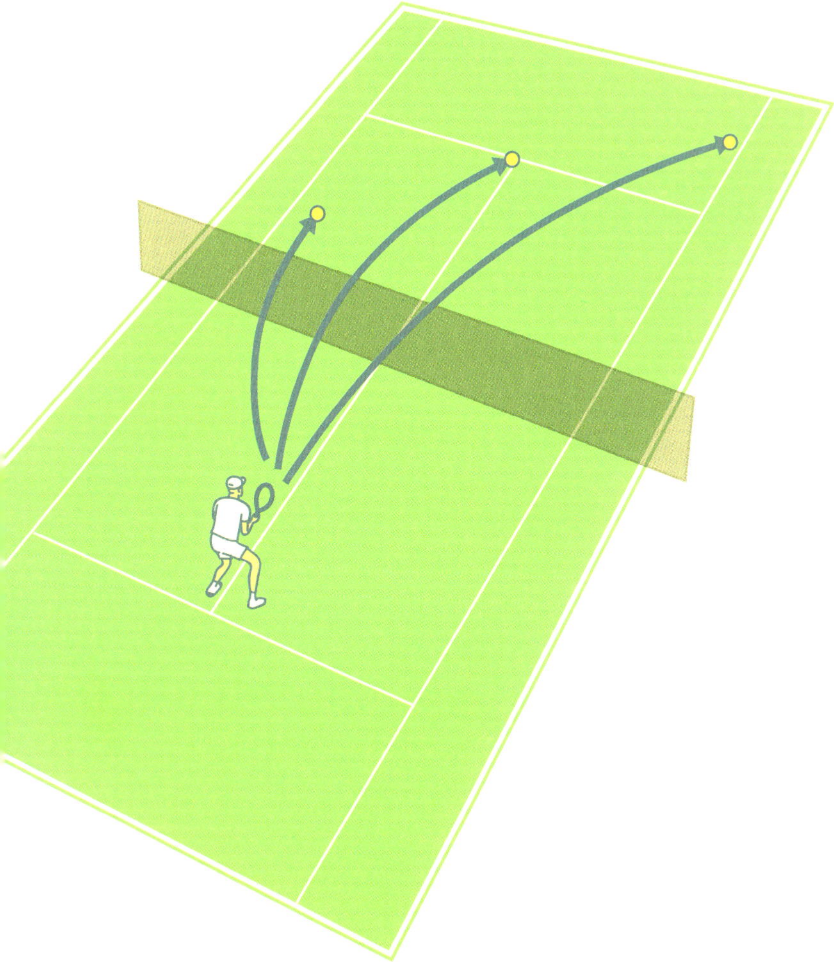

좋은 볼도 냉정하게, 어려운 볼은 차분하게 대하라

함재원의 테니스 마켓

서울 동작구 대방동 테니스 숍 '테니스 스토리(www.tennisstory. co.kr)'의 대표인 함재원은 못 말리는 테니스 '찐' 마니아이자 10년 이상 테니스 전문숍을 운영하고 있는 테니스 용품에 관한 한 전문가다. 기존 테니스인들에게는 별것 아닌 당연한 사실도 막상 테니스 초심자는 그 당연한 것(?)조차도 몰라 헤매기 일쑤. 테니스는 역시 장비발이다. 그리고 그중에서도 제일 중요한 것은 바로 라켓. 테니스용품 전문가인 그가 들려주는 라켓과 스트링 추천 꿀팁을 소개한다.

라켓 racket

테니스를 시작하게 되면 당장 용품부터 구해야 한다. 다른 운동에 비해 테니스는 용품을 구비하는 데 그리 큰 비용이 드는 편은 아니다. 당장 테니스를 치기 위한 필수 도구는 테니스 라켓과 테니스 신발이 전부라고 해도 과언이 아닐 듯. 나머지는 옵션이자 액세서리로 치부해도 무관하다. 자, 그럼 어떤 라켓을 선택해야 할까?

1. 라켓 헤드 사이즈

먼저, 자신에게 맞는 크기의 라켓을 골라야 한다. 라켓의 크기는 라켓 길이와 헤드의 둘레를 보면 된다. 요즘 양산되는 대부분의 성인용 라켓 길이는 27인치로 동일한 편이다. 그래서 라켓을 고를 때는 그 길이가 그리 중요하지 않다. 반면에 라켓 헤드는 중요한 고려 사항이 된다. 라켓 헤드 사이즈는 라켓의 원형 모양 크기, 즉 둘레를 뜻하고 그 사이즈는 다양하다. 현재 양산되는 제품군의 헤드 사이즈는 대략 97~120sq.in(스퀘어인치) 사이에 포진되어 있다. 추천하는 라켓 헤드 사이즈는 다음과 같다.

라켓 헤드 사이즈에 대한 추천 팁

당신이 남성이라면	97~100sq.in
당신이 여성이라면	100~105sq.in
당신이 장년층 이상이라면	110sq.in 이상

남녀나 연령에 따라서도 개인차가 있으니 이것은 그저 주관적인 권유 사항일 뿐이고 사실 정답은 없다. 하지만 이렇게 추천하는 근거를 대자면, 헤드 사이즈가 클수록 스위트 스폿 sweet spot (가장 이상적인 타구가 이루어지는 클럽페이스의 중심점)의 면적이 커지고 헤드 사이즈가 작을수록 스위트 스폿의 면적이 작아지기 때문이다. 통상 헤드 사이즈가 클수록 스위트 스폿이 넓어 라켓의 도움을 많이 받는다고 여겨지지만 100sq.in 미만의 작은 사이즈의 라켓으로 정확히 스위트 스폿을 때렸을 때에는 공의 파워나 무게감이 훨씬 묵직하기 때문에 무조건 큰 헤드 사이즈 라켓이 유리하다고도 할 수 없다. 그래서 나이가 많은 고령자는 날아오는 공을 라켓 면에 정확히 맞추기가 젊은 사람보다 어렵기 때문에 헤드 사이즈가 큰 라켓을 추천하는 이유이며 젊은 초심자는 파워가 있고 향후 발전 가능성이 있기 때문에 작은 사이즈를 추천한다. 참고로 일반적으로 가장 많이 사용하는 헤드 사이즈는 남녀불문 100sq.in 사이즈다.

2. 라켓 무게

라켓이 가벼울수록 더 좋으냐는 질문을 많이 받는다. 그렇지도 않다. 구력과 체력이 허락한다면 무거운 라켓으로 공을 때리는 편이 훨씬 더 파워 있고 무거운 공을 만들어 상대를 제압하기 쉽다. 그러나 자신이 감당할 수 없는 무게의 라켓을 사용하게 되면 게임이 진행될수록 버거워서 폼이 무너지고 그러면 좋은 위닝샷을 때릴 확률이 떨어질뿐더러 부상의 위험도 크기 때문에 누구에게나 무거운 라켓을 권할 순 없다. 추천하는 라켓 무게는 다음과 같다.

라켓 무게에 대한 추천 팁	
당신이 청년 남성이라면	295g 이상
당신이 청년 여성이라면	265~285g
당신이 중년 남성이라면	280~290g
당신이 중년 여성이라면	255~265g
당신이 장년 남성이라면	260~280g
당신이 장년 여성이라면	240~255g

위의 내용은 숍을 운영하면서 그 경험을 바탕으로 한 것이므로 과학적인 데이터를 근거한 것이 아닌 주관적인 권유 사항이라는 점을 한 번 더 강조한다.

3. 라켓의 그립 사이즈

라켓의 손잡이를 그립이라고 한다. 마치 신발 사이즈처럼 그립 사이즈도 손 크기에 맞게 다양하게 존재하는데 통상 그립 사이즈는 1/8, 2/8, 3/8, 4/8, 5/8... 등 이렇게 표기된다. 아직은 국내 테니스 인구가 유럽이나 미국에 비해 비교적 많지 않기에 테니스용품 시장은 스몰 마켓이라는 한계가 있다. 따라서 수입되는 라켓 대부분이 2/8(1/4) 사이즈이며 1/8 사이즈와 3/8 사이즈의 라켓이 소량 수입되고 있다. 이 중에서 자신의 손 크기에 맞춰 라켓의 그립 사이즈를 결정하면 된다.

4. 라켓의 밸런스

라켓의 밸런스란 라켓 정중앙을 손가락이나 막대기에 걸었을 때 그 위치가 어디에 있는지 말하는 것. 마치 시소 타기를 연상하시면 되겠다. 정중앙 걸었을 때 라켓이 헤드 쪽으로 쏠리면 '헤드 헤비 라켓 head heavy racket'이라 하며 그립 쪽으로 치우치면 '헤드 라이트 라켓 head light racket'이라 하고 어느 쪽으로도 치우치지 않으면 '이븐 밸런스 라켓 even balance racket'이라 한다. 헤드 헤비 라켓은 해머 형(망치 형)이라고도 불리며, 라켓은 가볍고 헤드가 무거워 상대적으로 적은 힘으로도 공을 멀리 보낼 수 있는 장점이 있다. 헤드 라이트 라켓은 헤드 사이즈가 작고 무거운 라켓으로 라켓의 도움보다는 자신의 힘으로 공을 보낸다는 취지가 강한 라켓이기에 헤드 헤비 라켓보다 손맛(때리는 만족감)이 좋고 정확도가 높다. 그래서 젊고 상급자일수록 헤드 라이트 라켓을, 나이가 많고 초급자일수록 헤드 헤비 라켓을 권하는 편이다.

5. 라켓의 스트링 패턴

패턴이란 스트링(줄)의 수를 말하는데 세로 몇 줄, 가로 몇 줄로 구성되어 있는지를 보여준다. 다음과 같이 오픈 패턴과 덴스 패턴이 있다.

오픈 패턴 open pattern : 세로 16줄, 가로 19줄로 이루어진 가장 대중적인 스트링 패턴. 스핀 볼을 만들기에 적합하다.

덴스 패턴 dense pattern : 세로 18줄, 가로 20줄로 이루어진 패턴. 상대적으로 줄이 촘촘하게 묶여 있어 타격 시 공이 덜 나가고 스핀도 덜 걸리지만 정교한 컨트롤이 가능하기에 주로 힘이 좋은 파워 히터 power hitter 에게 권유한다. 이외에도 라켓 브랜드별로 18×16, 16×20, 16×15 등 다양한 패턴이 존재하나 보통 오픈 패턴 라켓(16×19)이 가장 대중적이다.

6. 기타

아래의 사항은 라켓 구매 시 그리 중요한 고려 사항은 아니기에 간략히 설명하겠다.

스윙 웨이트 swing weight : 라켓 자체의 무게가 아닌 라켓 스윙 시 체감하는 무게를 표시한 것.

경도 stiffness : 라켓의 딱딱한 정도를 말한다. 라켓이 딱딱할수록 엘보 부상의 위험이 있다.

빔 위드 beam width : 라켓 헤드의 두께. 헤드 라이트 라켓은 빔이 얇고 헤드 헤비 라켓은 빔이 두껍다. 빔이 두꺼울수록 공과의 마찰 시 진동을 흡수하고 반발력이 생기는 경향이 강하다.

7. 라켓 브랜드들

어떤 라켓을 구입하면 좋을까? 초보자에게 어울리는 라켓은 과연 무엇일까? 특히 초보자는 빈 도화지 같아서 무엇을 어떻게 그리게 될지 함부로 예상하기 어렵다. 프로 테니스 선수가 될 것 아닌 이상 대부분의 최신 라켓 모델들은 그 우수한 기능을 자랑하며 매우 훌륭한 편이다. 자신의 체격과 구력을 염두에 두고 좀 더 끌리는 디자인을 일단 고르고 꾸준히 테니스를 치면서 그 라켓에 애정을 불어넣는 것이 중요하다 하겠다. 그리고 테니스 라켓은 한 번만 구입하고 만다는 생각은 버리는 게 낫다. 테니스에 빠져들면 들수록 라켓에 대한 욕심은 계속 생기게 마련이니까.

그렇다면 이제 라켓 브랜드에 대해 살펴보자. 수많은 라켓 브랜드 중 윌슨 Wilson, 바볼랏 Babolat, 헤드 Head 가 3대 대표 브랜드로 손꼽힌다. 최근에는 요넥스 Yonex 가 4위 브랜드로 치고 올라왔다. 그 외에도 프린스 Prince, 뵐클 Völkl, 던롭 Dunlop, 테크니파이버 Tecnifibre, 프로케넥스 Prokennex 등 다양한 회사에서 라켓을 선보이고 있으며 최근엔 라코스테 Lacoste 도 테니스 라켓 시장에 진출해 이슈가 되었다. 여기에서는 메이저 브랜드의 대중적인 라켓 몇 종류에 대해 살펴보겠다. 현대자동차에도 아반떼, 소나타, 그랜저, 제네시스 등 다양한 라인업이 있듯 라켓 브랜드에도 저마다의 주요 라인업이 있다.

윌슨 Wilson

미국의 라켓 브랜드 윌슨의 대표적인 라켓 라인업은 다음과 같다.

프로 스태프 Pro Staff

윌슨 라켓의 플래그십 모델. 가장 오래된 역사를 가진 라켓이며 과거 피트 샘프러스 Pete Sampras 와 로저 페더러 Roger Federer 의 라켓으로 알려진 모델이다. '97 사이즈'가 유명하며 주로 중급자 이상에게 추천한다. 최근엔 좀 더 초급자 친화적인(?) 100 사이즈(X)도 선보였다.

블레이드 Blade

과거 세리나 윌리엄스 Serena Jameka Williams 가 썼고 현재 스테파노 치치파스 Stefanos Tsitsipas 가 쓰는 라켓. 국내 테니스 동호인들에게 인기 많은 라켓 중 하나다. 98 헤드 사이즈에 덴스 패턴(18×20) 라켓이 가장 블레이드를 대변하는 스펙. 플랫 형 포핸드를 구사하는 이들에게 적합하다.

울트라 Ultra

컨트롤과 안정성에 주안점을 둔 라켓으로 파란색을 메인 컬러로 하고 있으며 통상 100 사이즈에 300g이 가장 무난하고 인기가 많다.

클래시 Clash

윌슨에서 연구개발비를 많이 투자해 야심 차게 내놓은 신모델. 부드럽고 반발력이 좋아 초급자들에게 이상적이며 초급자 외에도 라켓의 도움을 받고자 한다면 추천할 만한 라켓이다. 기존 라켓들과는 다른 문법으로 만들어진 라켓이라 기존 라켓에 익숙한 테니스인들에게는 다소 생소한 느낌. 108 사이즈 등 다양한 사이즈와 무게를 자랑한다.

쉬프트 Shift

가장 최근에 론칭한 라켓이다. 훌륭한 터치감과 스핀을 제공한다고 한다. 오픈 패턴의 스핀과 덴스 패턴의 컨트롤의 장점을 모두 가진 16×20 스트링 패턴으로 만든 것이 특징.

기타

주황색이 상징인 번 Burn 시리즈 등이 있으며, 헤드 헤비 라켓으로는 트리아드 Triad 와 하이퍼 해머 Hyper Hammer 그리고 장노년 베테랑들에게 인기가 좋은, 국내 전용 생산 라켓 N3 등이 있다.

바볼랏 Babolat

프랑스의 라켓 브랜드 바볼랏의 대표적인 라켓 라인업은 다음과 같다.

퓨어 에어로 Pure Aero

바볼랏의 가장 대표적인 모델. 라파엘 나달 Rafael Nadal Parera, 카를로스 알카라즈 Carlos Alcaraz Garfia 등 많은 프로 선수들이 사용하고 있으며 나달은 양산품이 아닌 페인트 잡*을 썼으나 알카라즈는 실제 양산 모델을 무게 증강 없이 그대로 사용한다고 한다. 프로뿐만 아니라 아마추어 사이에서도 인기가 높은 모델 중 하나다. 이 라켓의 특징은 타사 라켓보다 두께 beam 가 두껍고 경도 stiffness 가 센 편이라 헤비한 톱 스핀 구사가 가능하고 전반적인 샷 에러가 적다는 장점을 가지고 있다. 반면 높은 경도로 인해 잘못 쳤을 때는 팔꿈치에 충격이 그대로 전달되기에 엘보 부상 위험이 큰 라켓이라 할 수 있다.

퓨어 드라이브 Pure Drive

퓨어 에어로 라켓이 나오기 전에 가장 인기 있었던 모델이며 지금도 꾸준히 사랑받고 있다. 이미 앞에서 언급했듯 바볼랏 라켓은 유난히 라켓의 강성(경도)이 센 것으로 유명한데 이 모델은 경도가 71이다. 그만큼 강한 근력과 파워를 지닌 이들에게 추천할 만하다. 퓨어 에어로보다 플랫성 구질에 더 특화되어 있다.

퓨어 스트라이크 Pure Strike

이 모델의 조상 격이라 할 수 있는 퓨어 스톰 Pure Storm 이 시장에서 큰 재미를 얻지 못한 상태에서 윌슨의 블레이드나 헤드의 레디컬을 타깃 삼아 출시된 모델이다. 2016년에 출시된 이후 파워와 컨트롤 모두에서 시장의 좋은 평가를 받아 바볼랏의 주력 모델 중 하나로 부상했다. 다만 최근 버전이 출시된 지 4년이 다 되어가므로 신규 버전 출시가 기다려지는 모델이다.

* **페인트 잡** paint job : 테니스 선수가 자신이 쓰는 라켓에 도색만 새로 해서 마치 다른 라켓처럼 보이게 하는 것을 말한다. 유명 브랜드는 매년 새롭게 출시한 신제품 라켓 모델을 후원하는 선수가 사용하고 있는 것처럼 광고하려고 한다. 그러나 선수는 원래 쓰던 라켓에 익숙해 있으므로 자신이 쓰던 라켓에 신제품과 똑같이 보이게 도색해서 쓰는 것이다.

헤드 HEAD

오스트리아의 라켓 브랜드 헤드의 대표적인 라켓 라인업은 다음과 같다.

스피드 Speed

현재 최고의 테니스 선수 노박 조코비치 Novak Djokovic 가 사용하는 헤드의 대표 모델. 컨트롤과 파워의 이점을 모두 가지고 있는 트위너 twiner 성향의 라켓이다.

레디컬 Radical

안드레 애거시 Andre Agassi 와 앤디 머레이 Andy Murray 가 사용했던 헤드의 베스트셀러 라켓으로 오랜 역사와 함께 많은 마니아가 있는 라켓이다. 메인 컬러인 오렌지색으로 더욱 유명하다.

프레스티지 Prestige

예전, 헤드의 플래그십 모델이었다. 만듦새 하나만큼은 정교하기 그지없지만 너무 작은 헤드 사이즈와 무거운 무게로 인해 최근에는 인기가 다소 떨어진 느낌이다.

그라비티 Gravity

현재 최고의 테니스 선수 노박 조코비치 Novak Djokovic 가 사용하는 헤드의 대표 모델. 컨트롤과 파워의 이점을 모두 가지고 있는 트위너 twiner 성향의 라켓이다.

기타

익스트림 Extreme, 인스팅트 Instinct 그리고 최근에 론칭한 붐 Boom 등이 있다.

요넥스 YONEX

일본의 라켓 브랜드 요넥스의 대표적인 라켓 라인업은 다음과 같다.

브이코어 프로 VCORE PRO

정확한 컨트롤과 파워를 원하는 상급자를 위한 모델. 그 취지에 걸맞게 작은 헤드 사이즈(97in.sq)와 얇은 두께(21mm Beam) 그리고 무거운 무게(330g)의 스펙을 가지고 있다.

브이코어 VCORE

공격적인 베이스 라이너에게 추천하고 싶은 라켓이다. 95in.sq의 헤드 사이즈를 가진 모델도 있다. 레드를 메인 컬러로 표방하며 데니스 샤포발로프 Denis Shapovalov 선수가 이 라켓을 사용한다.

이존 EZONE

블루를 메인 컬러로 하는 이 모델은 현재 국내에서 인기가 높은 라켓 중 하나. 컨트롤, 파워, 스핀 등 각 요소에서 모두 평균 이상의 합격점을 받고 있어 마치 품질은 훌륭하나 개성은 좀 떨어지는, 가성비 좋은 일본산 자동차를 연상케 한다.

기타

최근 신형으로 론칭되어 많은 관심을 받고 있는 퍼셉트 Percept 등이 있다.

스트링 string

"스트링은 어떤 걸 매야 하는지요?"

"텐션이 뭔가요? 몇으로 매야 하죠?"

"줄 매는 시간은 얼마나 걸리고 그 비용은 얼마나 되나요?"

"제게 맞는 스트링을 추천해 주실 수 있나요?"

매장을 방문하거나 전화 상담을 통해 가장 자주 듣는 스트링(줄)에 대한 질문들이다. 스트링을 위해 매장에 오신 손님을 응대할 때 불가피하게 몇 가지 질문을 하게 된다. 먼저, 테니스 구력을 묻는다. 그리고 연령대를 묻고 테니스 치는 스타일이 어떤지 대략 묻는다. 이 사람에게 적합한 스트링과 텐션을 찾기 위해서다. 그래야만 손님이 만족하여 추후 재방문율도 높아진다. 사실 줄을 잘 매는 가게나 스트링 장인 같은 게 따로 있는 게 아니다. 무엇보다 줄은 기계가 맨다. 원래 설정한 텐션이 풀리지 않도록 매듭을 얼마나 꼼꼼하게 마무리하냐의 정도 차이가 있을지언정 최신 자동 스트링 머신이라면 누가 줄을 매든 별 차이가 없다. 기계만 멀쩡하면 텐션에 오차가 없고 누가, 어디서 매든 동일할 것이다. 해서 중요한 것은 스트링 컨설팅이다. 고객이 막연하게 줄을 알아서 선택해 달라고 할 때, 심지어 텐션도 추천해 달라고 할 때 그 스트링과 텐션을 결정하는 이유를 요목조목 알기 쉽게 설명하여 납득할 만한 대답(결과)을 찾아주는 것이 줄 매는 사람, 즉 스트링어의 역할이라고 생각한다.

1. 스트링의 종류

스트링에도 여러 종류가 있다. 스트링을 '거트 gut'라고도 한다. 그중 몇 가지를 간략히 살펴보도록 하자.

1) 천연 거트

말 그대로 동물의 창자 gut를 사용해 만든 스트링으로서 역사적으로 가장 오래되었고 과거에 많이 사용한 스트링이다. 현재도 페더러나 조코비치 등 일부 프로 선수들이 메인이나 크로스 라인 한쪽에 이 천연 거트를 사용한다. 천연 거트의 장점은 줄이 부드럽고 텐션 유지력이 오래가는 것. 반면에 단점은 가격이 지나치게 비싸고(8만 원 이상), 습기에 취약해 관리가 힘들며 무엇보다 톱 스핀을 중시하는 최신 테니스 트렌드에 적합하지 않다는 점이다.

2) 멀티필라멘트(인조 거트)

여러 가닥의 필라멘트(줄)를 엮은 형태의 스트링이다. 소재는 나일론, 폴리우레탄 등으로 회사마다 저마다의 기술력을 바탕으로 다양한 재료를 섞어 만든다. 이 스트링은 비싼 천연 거트의 장점을 재현하기 위해 인공적으로 만든 것이다. 그래서 인조 쉽 sheep이라는 말로 불리기도 한다. 2.5~3.5만 원대로 천연 거트보다 훨씬 저렴한 편. 하지만 아무래도 천연 거트만큼의 텐션 유지력과 부드러움에는 미치지 못하는 것 같다. 주로 라켓의 크로스(가로) 라인에 쓰여 부드러운 발리 감각을 원하는 사람이나 엘보 부상 방지를 위해 쓴다. 오래 쓰면 폴리 줄처럼 단번에 끊어지기보다는 지저분한 실이 가닥가닥 풀리는 모양으로 점점 해어지는 특성이 있다.

3) 폴리에스터(모노 필라멘트)

천연 거트와 인조 거트 외에도 신서틱, 나일론, 케블라 등 다양한 소재가 사용되지만 현재 대부분의 스트링은 폴리(폴리에스터) 줄이 사용되므로 폴리 스트링에 대한 설명으로 이어가겠다. 폴리에스터 스트링은 합성 폴리 co-polyester 또는 폴리 스트링이라고 한다. 현대 테니스에서 추구하는 헤비 톱 스핀을 구사하는데 가장 적합한 소재라 할 수 있다. 프로 선수든 일반 동호인이든 현재 많은 테니스 피플이 사용 중이다. 테니스 스트링 회사는 이 폴리에스터를 이용해 다양한 종류의 스트링을 생산한다. 스트링을 깎기도 하고 또 밧줄 형태인 로프를 만들기도 한다. 각 줄 형태인데 4각, 5각, 6각, 7각, 8각 혹은 그 이상의 각을, 손으로는 느낄 수 없는 다각 줄로 생산하며, 한편으로는 딱딱한 줄, 부드러운 줄 등 다양한 경도의 스트링도 만들고 있다. 예전에는 폴리 스트링 하면 딱딱하다는 인식이 많았지만 요즘은 인조 거트만큼이나 부드러운 폴리 스트링도 많이 나오고 있다.

다양한 스트링들.
출처_테니스 스토리

2. 스트링의 굵기

스트링은 1.10mm부터 1.35mm까지 다양한 굵기가 있다. 그중에서 가장 대중적인 굵기는 1.25mm(17 게이지)이며, 1.20mm(18 게이지)는 여성용 라켓에 많이 쓰이기도 한다. 줄이 얇으면 민감도는 좋아지지만 줄 사이가 금방 벌어지게 되어 내구성이 약해지고, 줄이 두꺼우면 벌어짐 현상은 덜하지만 반대로 탄력이나 민감도는 떨어진다. 따라서 자신의 힘과 스타일에 맞는 굵기를 선택하면 된다. 참고로 라파엘 나달은 그 파워만큼이나 선수 중에서도 가장 두꺼운 1.35mm(15 게이지)의 스트링을 사용한다고 한다.

3. 대표적인 스트링 브랜드

그러면 어떤 줄을 써야 할까? 라켓과 마찬가지로 정답은 역시 없다. 자신이 딱딱한 줄을 선호하는지 부드러운 줄이 잘 맞는지 혹은 각줄 취향인지 원줄 취향인지 줄을 맬 때마다 한 번씩 써보면서 자신의 취향을 찾아갈 수밖에 없다. 힘이 세면 딱딱한 스트링을 선호할 것 같지만 막상 사람마다 체감하는 정도는 각자 다르기 때문에 한마디로 결론 내리기 어려운 부분이다.

스트링 대표 브랜드는 앞서 언급한 바볼랏, 헤드, 요넥스 등 라켓 브랜드를 위시하여 럭실론, 테크니파이버, 시그넘프로 등 다양한 브랜드들이 포진해 있다. 이 중 가장 두드러지는 제품은 럭실론의 알루파워를 꼽을 수 있다. 각 브랜드의 대표 제품을 열거하자면 다음과 같다.

럭실론 Luxilon : 알루파워 very hard, 4G hard, 엘리먼트 too soft, 스마트 soft 등

바볼랏 Babolat : RPM 블라스트 middle hard (8각) 등

헤드 Head : 호크 hard, 호크터치 hard, 링스(6각), 링스투어 등

요넥스 Yonex : 폴리투어프로 soft, 폴리투어레브(8각) 등

테크니파이버 Tecnifibre : 레이저코드 hard, 아이스코드, 레드코드 등

솔린코 Solinco : 하이퍼G(6각) 등

탑스핀 Topspin : 센서스 로테이션(7각) 등

시그넘프로 Signum pro : 폴리플라즈마, 파이어스톰 등

4. 스트링 텐션

'텐션 tension '을 사전에서 찾아보면 '잡아당김, 인장력, 긴장'이라고 적혀 있다. 이처럼 그 뜻은 언뜻 쉬운 듯하지만 많은 테니스인은 오히려 텐션의 중요성에 대해서는 그리 잘 모르는 것 같다. 텐션의 높낮이에 대한 차이를 이해하지 못한다고나 할까? 그래서 진자 운동이나 새총 원리, 트램펄린 원리 등을 상상하면 좀 더 이해하기 쉬울지도 모르겠다. 자, 상상해 보자. 텐션을 극도로 낮게 해 테니스 라켓 줄을 매면 타격하는 순간, 테니스공이 움푹 들어갔다가 그 반작용으로 더 멀리 튀어 나가게 될 것이다. 반대로 텐션을 아주 높게, 그러니까 단단히 매면 공은 반작용(되돌림 보상) 없이 순수하게 사람의 힘으로 밀어내게 될 것이다. 마치 새총에 돌을 끼워 당겼다가 풀어 맞추는 것과 내 팔로 직접 던지는 것을 연상해 보면 이해하는 데 도움이 될 듯. 새총이 아무래도 더 멀리 나갈지언정, 정확히 맞추는 제구력은 직접 손으로 돌을 던지느니만 못

할 것이기 때문. 그러니까 텐션이 약하면 반발력이 커지고, 텐션이 높으면 반발력은 적은 대신에 더 정확한 컨트롤이 가능하다.

원리는 앞서 이야기한 대로지만 정작 텐션은 사람마다 주관적으로 느끼는 부분이라 반드시 개인의 힘과 텐션이 서로 비례한다고 볼 수도 없다. 실례로 프로 선수들의 스트링 텐션을 검색해 보면 그 결과에 놀랄 것이다.

앤디 머리 Andy Murray : 62 lbs.
야닉 시너 Jannik Sinner : 61-60 lbs.
노박 조코비치 Novak Djokovic : 59-56 lbs.
라파엘 나달 Rafael Nadal : 55 lbs.
카를로스 알카라스 Carlos Alcaraz : 55-53 lbs.
다닐 메드베데프 Daniil Medvedev : 49 lbs.
프란시스 티아포 Frances Tiafoe : 45-44 lbs.
카메론 노리 Cameron Norrie : 44 lbs.
밀로시 라오니치 Milos Raonic : 44-43 lbs.

일반적으로 남성 동호인의 평균 텐션은 48-50 lbs.(파운드)로 추천하며 여성의 경우는 44-46 lbs.로 추천하고 있다. 그러나 이 역시 통상적인 것이며 테니스인이라면 줄을 바꿔 맬 때마다 텐션에 집중해야 하며 궁극적으로 자신의 플레이에 적합한 텐션을 찾기 위해 노력해야 한다.

QR-CODE LIST

p.17
발 발 발

p.27
참아라
참아 참아

p.50
백핸드
기본

p.50
백핸드
랠리

p.53
백핸드
오른 무릎 방향타

p.61
백핸드
튀어 오르는 볼

p.63
볼 높낮이
무릎으로 조정

p.67
백핸드
슬라이스

p.78
발리
랠리

p.81
포핸드
발리

p.81
백핸드
발리

p.85
포 발리
볼을 이마 앞

p.91
포 발리
V

p.93
백 발리
∧

p.95
포 발리
잽

p.95
포 발리
훅

p.99
포 발리
볼 밑 라켓

p.101
백 발리
볼 밑 라켓 하이

p.101
백 발리
볼 밑 라켓 로우

p.108
포핸드
기본

p.108
포핸드
랠리

p.115
포핸드
무릎 반동

p.117
포핸드
튀어 오르는 볼

p.130
스매싱
기본

p.130
스매싱
랠리

p.137
스매싱
옆걸음질

p.139
스매싱
무릎 반동

p.143
서비스

p.147
서비스
최고점

 **에필로그**

저자의 인생 동반자 임은진이 이야기하는

《테니스와 정선용》

 요즘 테니스가 정말 트렌드인가 봅니다. 실내 테니스장도 여기저기 부쩍 눈에 띄고 테니스 인구도 많이 늘었다고 합니다. 누군가는 그 원인을 코로나라는 특수한 경험이 사람들의 억눌렸던 발산 욕구를 분출시켰고, 테니스의 적당히 비접촉적이고 적당히 대면적인 특성과 잘 맞물렸다고 분석하기도 합니다. 그렇지만 저는 한 번 빠지면 헤어 나오기 어려운 테니스 자체의 본질적인 매력이 사람들을 끌어당기는 것이라고 생각합니다. 흰색의 우아한 복장을 갖춰 입는 순간 스포츠맨십을 발

휘해야 할 것처럼 정신이 고조되고 코트에 들어서서 첫 서브를 제대로 넣기 위해 볼을 토스할 때의 긴장감, 라켓을 돌려가며 상대방의 서브를 기다릴 때의 그 숨 막히는 텐션, 노란색 56g의 공이 105sq.in 라켓의 스위트 스폿에 정확히 맞을 때, 그 '펑'하는 맑은 소리와 묵직한 무게감은 플레이어를 미치게 합니다.

테니스는 아마추어로서 직접 즐기는 즐거움도 크지만, 위대한 테니스 선수들의 플레이를 보면 스포츠도 예술의 한 형태라는 말을 실감하게 됩니다. 가장 위대한 테니스 작가라고 일컬어지는 데이비드 포스터 월리스 David Foster Wallace 는 그의 저서 《끈이론(String Theory): 강박적이고 우울한 사람을 끌어당기는 가장 고독한 경기, 테니스》에서 로저 페더러의 테니스 제패를 이렇게 설명합니다.

> "그가 적어도 부분적으로는 몇몇 물리 법칙에서 면제된 듯 보이는, 드물고 초자연적인 운동선수 중 하나다. 그에게 날아오는 공은 실제로 그래야 하는 것보다 몇 분의 1초 오래 머무른다. 공이 이 스위스인의 의지에 순응하듯 고분고분하게 허공에 머무르고 느려지는 이 현상에는 진정한 형이상학적 진실이 있다."

위대한 테니스 경기에는 이처럼 윌리스가 묘사한 것 이상의 형용하기 어려운 미학이 담겨있습니다. 물론 테니스 동호인이 아니라도 놀라운 플레이에 감탄할 수는 있겠으나 실제로 이 스포츠를 체험해 보지 않은 사람은 선수들이 만들어 내는 그 정교한 샷의 각도와 회전, 도저히 믿기 어려운 발의 스피드와 한 번의 승리를 위해 오롯이 혼자 4~5시간을 버텨내야 하는 지구력, 가공할 서브의 속도, 동물에 가까운 반응력, 기하학의 대가 같은 코트 활용 능력 등이 얼마나 대단한지 믿기 어려울 것입니다.

테니스 레슨을 수년간 받았지만 영 실력이 늘지 않았습니다.
운동 신경도 그리 뛰어나지 않은 데다 코치도 그냥 시간만 때우는 식이어서 보통 때 같으면 쉽게 그만두고 다른 취미로 갈아 탈 법했을 텐데, 왜 그랬는지 돌파구를 찾는다며 테니스 동호회에 가입했습니다. 여의도 고수부지 코트를 베이스캠프로 한 모임이었는데, 회원들은 주말이면 오전 6시부터 모여 랠리도 하고 게임도 하면서 즐겁게 지냈습니다. 모임에는 막 레슨을 시작한 초보부터 50년 구력의 어르신까지 다양한 사람들이 속해 있었습니다. 거기서 만난 정선용, 그는 소수인 고수(高手) 그룹에 속했는데, 그가 자전거를 타고 유유히 나타날 때면 모임의 고수들이건 하수들이건 눈을 반짝반짝 빛내며 맞이하던 것을 기억합니다. 고수 회원들은 같이 겨룰만한 맞수를 만나는 기쁨에, 하수들은 자상하게 원-포인트 수업을 해주는 선배를 만나는 기쁨에 그를 반갑게 환영하곤 했습니다. 그는 테니스를 너무나 좋아해서 혼자서만 알기에는 아까운 이 스포츠를 남과 공유하고 싶어 하는 진정한 동호인입니다. 남을 이기기 위해서가 아닌 남과 즐거움을 공유하기 위해 실력을 갈고닦으며 테니스에 몰두하곤 했습니다. 슬럼프에 빠진다 싶으면 레슨을 다시 받으면서 자

저자가 현재(2023년 10월) 사용하고 있는 라켓과
최사부로부터 선물 받은 테니스 슈즈.

세와 기술을 교정하곤 했지요. 그런 집요함으로 2012년에는 그 어렵다는 테니스 생활체육 지도사 자격증을 취득하기도 했답니다.

어느 날인가는 운전 중에 스치듯 본 선수 출신 코치의 레슨 홍보 현수막에 기재된 전화번호를 외웠다가 교습을 신청해 놓고는 아이처럼 기대감으로 설레는 것을 지켜본 적도 있습니다. 그런데 선수 경력에 대한 기대가 너무 컸을까요? 불성실한 수업에 크게 실망해서는 한 달을 채우지 못하고 그만두게 되었습니다. 그러던 중 과천 관문 테니스 코트에서 최석만 코치를 만나게 되었는데 직전의 쓰린 경험 때문인지 최사부의 가르침이 더욱 크게 와닿았나 봅니다. **그날그날 수업 중 최사부 가르침을 기억했다가 노트에 기록하고 어떤 날은 녹음했다가 집에 와서 정리하는 것을 보기도 했습니다. 그는 이때가 테니스 인생에서 가장 즐거운 테니스 수업이었다고 회고합니다.** 최사부로부터 같이 수업을 듣던 다른 레슨생들과는 '최사부와 그 제자들, 최사부일체'라는 모임을 만들어 지금도 그 인연을 이어 나가고 있습니다. 그는 저뿐만 아니라 그들에게도 틈만 나면 이 기록을 책으로 만들겠다고 공언하곤 했습니다. 저도, 아마도 그들도 말로는 격려하였지만 실제로 그가 이 일을 해낼 것이라고는 솔직히 믿지 않았던 구석도 있었습니다.

최사부와 그는 테니스라는 길에서 스승과 제자로 만났지만 여러모로 닮은꼴입니다. 요즘 시대는 근면 성실보다는 천재성, 창의성이 주목받는 때입니다만, 테니스를 통해 보여주는 최사부와 그의 모습은 성실과 근면함에서 둘째가라면 서러울 정도로 닮았지요. 최사부는 우리나라 최고의 테니스 선수는 아니었습니다. 그러나 최고로 자상하고 성실한 테니스 코치임은 분명한 사실입니다. 최사부 제자들은 전국 각지에 흩어져서 여전히 테니스를 사랑하며 살아가고 있습니다.

아마추어 동호인으로서 비록 전국 대회 우승 기록은 한 번도 없지만 정선용, 그가 테니스를 누구보다도 사랑한다는 점은 누구도 부인할 수 없을 것입니다. 이 책의 출간이 그 사실을 증명하기도 하니까요. 그는 낯선 지역을 여행하다가 테니스 코트를 발견하면 차를 멈추고 공치는 이들을 만나러 갑니다. 어느 순간 그들과 마치 십년지기처럼 웃으며 랠리를 하고 있기도 합니다. 차 트렁크에 스페어타이어는 없어도 라켓 몇 자루는 꼭 실려 있습니다. 아마 이 책이 나오면 이것도 트렁크에 실리게 될 겁니다. 그는 어딜 가나 테니스의 매력을 전파하고 테니스라는 스포츠를 통해 사람들과 만나고 소통하는 테니스 전도사입니다. 최사부, 정선용 두 사람은 상대방을 배려하고 게임을 즐길 줄 아는 성숙한 스포츠 애호가입니다. 테니스를 매개로 아름다운 두 사람이 만나 마침내《역시, 스매싱은 망치질이다》라는 결실을 보았습니다. 너무 자랑스럽고 뿌듯합니다. 여러분도 최사부의 가르침대로, 또 정선용의 열정에 동행하여 테니스의 매력에 한 번 발을 담가보시면 어떨까요?

역시, 스매싱은 망치질이다

1판 1쇄 펴냄 2023년 11월 22일

지은이	정선용
감수·모델	최석만
펴낸이	임은진
디렉팅·교열·교정	박성운
사진	안호영
일러스트	임윤지
디자인	정혜원
영상촬영	김남욱

펴낸곳	구류일하우스
출판 등록	2023년 9월 12일 제2023-000042호
주소	전라북도 전주시 완산구 간납대2길 48
이메일	tennis.smashing2@gmail.com
인스타그램	@tennis.smashing2
유튜브	@tennis_smashing

ISBN 979-11-985323-0-5

* 이 책은 저작권법에 따라 보호를 받는 제작물이므로 무단 전재와 무단 복제를 금합니다.